雪祁之水

北美风情西欧城

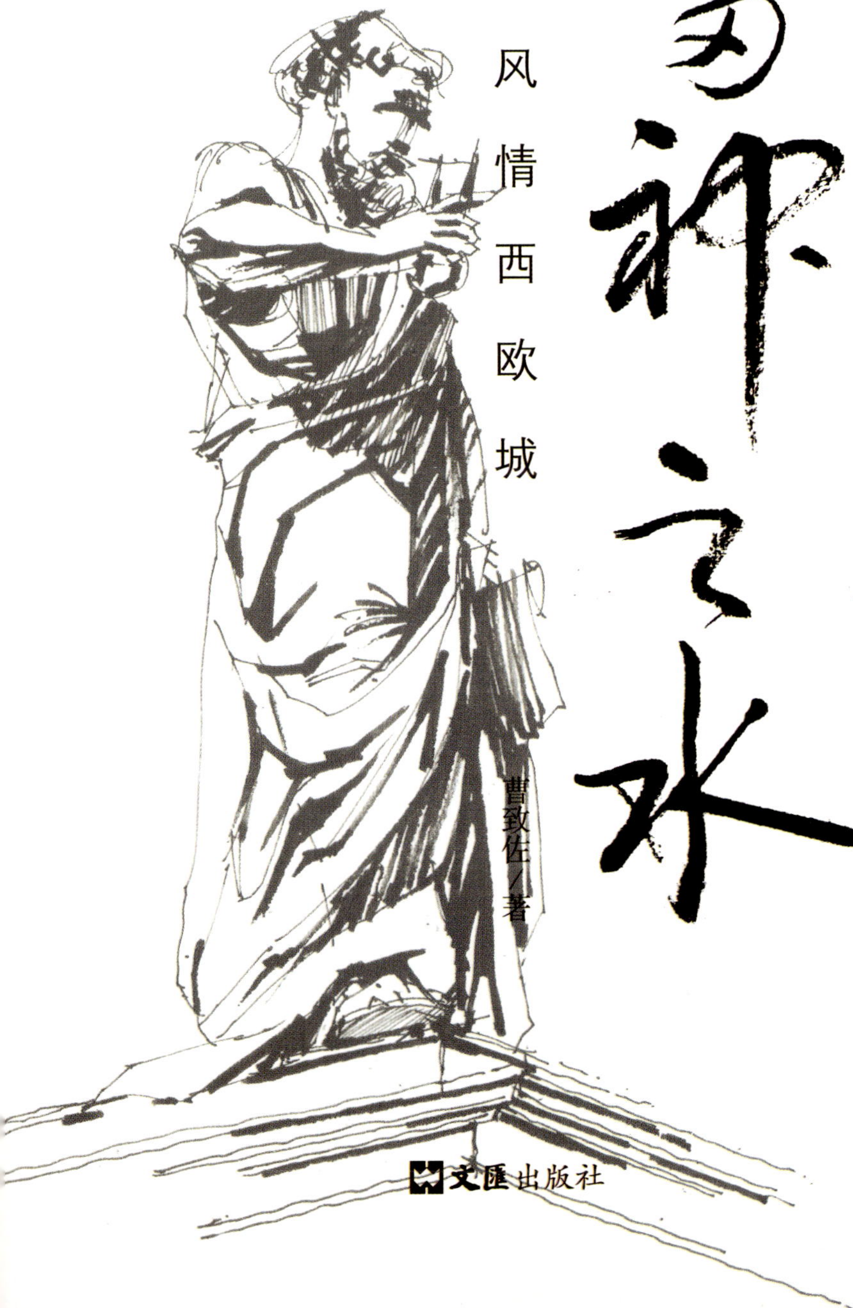

曹致佐/著

文汇出版社

作者近照

曹致佐

上海人。1964年肄业于马钢大学中文系。1958年参加工作，历任马鞍山钢铁公司职工，马鞍山市文学艺术界联合会干部，文学工作者协会副理事长，文学讲习所副所长，上海市作家协会《作家与企业家报》负责人，上海文学发展基金会副秘书长。上海东辰实业公司总经理，上海风颖广告有限公司董事长；专业作家，中国作家协会会员。1960年开始发表作品，著有长篇小说《用微笑迎接风暴》，话剧剧本《青出于蓝》，电影文学剧本《青春似火》(合作，已拍摄发行)、《献给罪犯的鲜花》、《平静的激流》，短篇小说《主轴》、《心在坟墓里》、《魔力》，散文《石级巍巍兮》、《情系三峡》，纪实文学《以书相赠寄深情》、《巴金与陈登科心有灵犀》、《铁骨红梅》、《乱世凶年人鬼情》（长篇），报告文学《当香槟酒瓶碰碎的时候》、《他知道对手在哪里！》、《第二次创业》(合作)等。《第二次创业》获国务院发展中心中国经营大师优秀作品奖。

纽约第五大道

卢浮宫维纳斯雕像

巴黎圣母院

阿尔卑斯山区的瑞士乡村旅馆

俄罗斯莫斯科圣瓦西升天大教堂

多伦多卡萨罗玛城堡

毗邻加拿大的美国边陲餐厅

加拿大德裔城镇奇基纳街景

目录

心随美文而动(序)

杨履方

作者与杨履方合影

致佐告诉我,他写的64篇游记要结集出版了,书稿有几大叠,19万字……他没有再说下去。我揣测他有意要我写序,一定考虑到我年事已高,难以启齿。老夫今年八十八,虽眼不花耳不聋,但已疏于笔墨。只因念及我们不仅有着真挚的友谊,还是生死之交,虽枯腾老树也愿奋力为之。几年前,我从《新民晚报》上读到《惊艳绝伦的死亡之旅》,三文鱼从大海回游的一路艰辛拼搏,及沿途的如画风景,令我不胜感慨,"枫叶红了,亚当斯河也红了,碧水成红流,是枫林的倒影,抑或朝霞夕照的反光?不,是被三文鱼映红的。"文中所写的虽是三文鱼义无反顾的勇往直前,然而,这何偿不是攻艰克难的人生之旅!

我俩相交相知已有四十余年。与他认识之前,我是南京军区前线话剧团的编剧。1958年我创作的电影《布谷鸟又叫了》,由黄佐临导演拍摄,公映后在全国产生了广泛的影响并获得好评。1960年,我创作的四幕话剧《我们的队伍向太阳》获1964年华东区现代话剧汇演优秀剧目奖。当时，我三十出头，年少气盛，一心一意想写出更多更好反映军旅生活的作品。孰料，文化大革命的狂风恶浪席卷全国，我们部队的作家也遭受到了冲击。我的一些作品被批成大毒草后，便被扫地出门，赶出部队，于1969年复员到马鞍山市文化局创作组任副组长。我创作的话剧《钢铁尖兵》由马鞍山市话团演出后，在一次座谈会上，一个大高个的小伙子的发言引起我的注意。他评价戏的好坏都谈到了点子上。散会后我特意和他攀谈了一阵，方知他叫曹致佐，在马钢机修厂工作。1958年，为了支援社会主义建设，与上万名师生一同从上海来到了马钢。

1971年，为了纪念毛主席在延安文艺座谈会上的讲话发表三十周年，全国各地开始抓文艺创作，我们创作组便开会研究如何调动业余作者写戏的积极性。同事黄光杰提到了曹致佐，说他有创作热情，1965年被《萌芽》定为重点培养的对象，他写的中篇小说《冰河夜渡》，省出版社刚定稿，文化大革命开始了……他建议可以动员小曹尝试写写戏。这样，我们就约谈了曹致佐。客气了几句后，我就说，"你热爱文学创作，又战斗在生产第一线，一定有许多生活感受，既可以写黄梅戏也可以写话剧，都可以试试，我们一定支持你。"他一边听一边频频点头，爽快地说，"那我就试试。"半个月以后，黄光杰喜孜孜地把一叠稿纸交给我，说，"小曹真有干劲，写了一出独幕话剧，有人物有情节，还像个样子，凭想象是没有办法写出来的。"我看完剧本，觉得正如老黄所言，《青出于蓝》确实具备了戏剧的元素，虽有冲突但合理性颇感牵强，虽有人物但笔墨不够均匀、准确……一句话，已有了可供打磨的基础。当晚，我和黄光杰就去了曹致佐的家。我肯定了剧本已具雏型，提出了修改意见，希望他再接再励，我们一定力争把这出戏在舞台上立起来。小曹显得很激动，再三感谢我们光临寒舍，并坦率告诉我们，初稿写成后，他就拿给肖马看了。肖马出了许多好点子，有几处还亲自动笔修改。我并不认识肖马，黄光杰说，肖马是省文联的专业作家。家在马鞍山。从五七干校回城他没有去合肥,现闲赋在家。

在以后的日子里,小曹修改完了,我们就讨论,再改再讨论,大约改了3稿,我认为已经拿得出手了,便慎重其事地向局长王平作了汇报。王局长看完剧本立即拍板,上!

经过几番边排边改,市话剧团的演出大获成功。这样,《青出于蓝》剧组便于1973年10月去合肥参加全省的戏剧会演。前来观摩的周啸邦,是北京电影制片厂的文学编辑,他认为《青出于蓝》已具备了改编成电影的框架。经和厂部联系,决定邀请曹致佐去北影参加电影创作学习班。经过3个月的学习,北影在二十几位作者的19个剧本中,筛选后定下3个剧本的作者留下进行电影剧本的创作,其中就有小曹。在这样的情况下,小曹给我写了一封信,他说,“如果没有你和肖马的鼓励和扶持,我是不敢斗胆涉足剧本创作的。剧本才出土时,不过是一颗幼小的苗子,如果不是你们提了许多建设性的意见,不可能成长壮大。况且我底子薄,对电影不仅不熟悉,还是个门外汉,要写电影剧本心有余而力不足,独木难支。所以殷切盼望你和肖马能带着我拖着我推着我进入电影的创作之路。”他言词恳切,我被打动了,肖马也同样收到这样一封信。后来,经北影和市文化局研究决定,由我们3人合作编写电影剧本。

1974年早春,我和致佐、肖马下榻于北京电影制片厂招待所。这幢3层楼房在北影厂的后院,两侧有参天的白杨,还有花坛和树丛。我有早起的习惯,每天清晨打开窗户,朝通往游泳池的小径望去,定然能看到小曹的身影。他在晨练,不,读书。

有天一早,我走出招待所,一边做着扩胸的动作,一边徐步前行,当走到几棵香椿树下,我被小曹轻微而有节奏的读书声所吸引:“潭中鱼可百许头,皆若空游无所依。日光下澈,影布石上……”这不是《小石潭记》中的文字吗!令我惊讶的是,他不是朗读而是背诵。

入住招待所不久,我就发现小曹是一个勤奋好学的小青年,平时若不写作,手不释卷,闭门读书。在文革的年代,社会上不论书店或图书馆，文学作品已不见踪影。北影为了使作者能够学习借鉴，经国务院文化组批准，特许厂图书馆向作者倘开大门，并允许外借。小曹抓住这一难得的机会，不断地借书读书。有一次我去他房间闲聊，看见书桌和床头散放着4本《约翰·克利斯朵夫》，而他正在写读书心得。他还问我，“当你看到圣者约翰·克利斯朵夫脸容之日，是你将死未死于恶死之日”这句话是什么意思？……在我的印象中，小曹对法国文学和俄罗斯文学有着浓厚的兴趣，未曾想到，他居然也会刻苦钻研中外古今诗文。他手中拿着的是柳宗元的《永州八记》。这是我儿时学古文的必读篇目。1947年我在上海实验戏剧学校研究班读书时，除了重读《始得西山宴游记》，还偶涉散文，读了先秦诸子和明清笔记，57年“反右斗争”以后，古典文学，乃至唐宋八大家的小品，因在政治上被视为封建残余思想的流毒，已被抛到九霄云外。真没想到，小曹竟然会在文化的荒漠中，手捧古文，背诵经典！古人说，“君子学以聚之”。小曹多读书，显然是为了提高自己的写作能力。我被他的好学上进感动了，情不自禁地与他唱和应对：“潭西南而望，斗折蛇行，明灭可见。其岸势犬牙差互，不可知其源。”……打这以后，我们交谈时，小曹常常提出在阅读古诗词时不明其意的问题，求教于我。凡是我懂的就有问必答，自己不甚了了的，就实言相告，或相互探讨。

在招待所生活了几个月以后，我发现他与人相交非常直爽，而且能讲许多不为人知的故事。好多作者，如马峰、李準都非常喜欢听小曹讲有个性特点的钢铁工人的日常生活。他善讲，大家听他讲时，总是笑着。他为人坦率，正直，讲义气，使大家很容易了解他，而且信任他。当有人在北影食堂外贴出大字报，把矛头指向张锲，责问北影为什么要重用脱帽右派张锲?！小曹和刘振威，以“钢铁工人”和“北大工农兵大学生”的名义，写出保护张锲的大字报予以反击；我突发脑溢血陷入昏迷，在三天三晚的抢救中，他影形不离。1975年夏天，文化部派人来到马鞍山，召集《青春似火》的全部拍摄人员开会，传达部领导的意见:“必须把剧情改成与走资派作斗争的题材。”来者还强调,“文艺要为政治服务,现在就看你们在两条路线的斗争中站在哪一边。”他说话的口气不无威胁的味道。会议室的气氛沉闷得令人难以喘息。小曹率先打破了沉闷,挺身发言,“电影写的是青年工人攀登技术高峰的情节,无法把与走资派作斗争的概念溶入剧本之中,不能改。”肖马紧接着说,“剧本的人物关系可不是搭积木,能随心所欲地东一榔头西一耙子吗?硬要节外生枝,谁有本事谁改。”我也明确表态,“剧本最忌伤筋动骨,如果硬要作者依葫芦画瓢,必定弄巧成拙,弄出个四不像的东西,观众要骂的。”导演董克娜,演员杨雅琴、李树钧的表态和我们一样。会议不欢而散。我们的鲜明立场无疑得罪了文化部的当权者,于是,他们在“反击右倾翻案风”的狂潮中,圈定了北影散布政治谣言的89人黑名单。我和曹致佐、肖马也被列入其中。不仅如此,文化部还决定把我们3人的名字从编剧中删除,改成马鞍山市文化局创作组,继而干脆禁演。直到粉碎了四人帮,《青春似火》才得以公开上映。

1979年,经总政文化部落实政策,我被调回部队,任武汉军区京剧团创作组组长。后来小曹则被调到马鞍山市文联。继而又调到上海市作家协会。我们虽遥隔两地,有时也互通音讯。我创作的京剧《千秋节》,1982年获全国戏曲现代剧汇演优秀剧目奖。小曹便来信祝贺。当他相继发表了电影文学剧本《献给罪犯的鲜花》和《平静的激流》后,人民文学出版社出版了他的长篇小说《用微笑迎接风暴》,我倍感欣喜。他不断有新作问世,可见他一直埋头创作,笔耕不辍。2008年我到上海探亲访友,一见到他,就亲切地叫道,“小曹,你好呀!”老伴赶紧提醒我,“多少年过去了,怎么还小字当头。”我恍然大悟,从此以致佐相称。

最近看完致佐送来的书稿,感触良深。开初,我不明白他为何把书名定为《雷神之水》?读毕方才明白,印第安语称尼亚加拉大瀑布为“雷神之水”。这一开篇之作,不仅仅描写了瀑水的雄伟壮丽,还着笔于形成瀑布的曲折艰难，更抒发了瀑布落崖成河的锐不可挡。不消说，作者把自己的情感和思索溶化在奔腾不息的瀑流里。

收在这个集子里的作品，不论是畅游在美加相交的千岛湖上；或是漫步在巴黎香榭丽舍大街；不论是穿越阿尔卑斯山的旧城老镇，或是在波罗的海之畔寻幽探胜，每一篇都贯注了花甲老人的饱满激情！《冲出唐人街》对华裔移民奋发向上，锲而不舍发出了由衷赞美；《欧州教堂与中国寺庙》，则通过不同宗教的建筑形式，揭示了神权一统天下和皇权高于神权的中西方的文化差异。《八宝火鸡》一文虽然着眼于一只火鸡的烧烤，却由此道出了中美两国不同饮食观念所包含的民族性格的差异：美国人认为菜肴就是充饥，所以不甚讲究烹饪方法，煮熟了就吃，还大块吃肉，整块吃鸡；中国人为了色香味形俱佳，宁可化时化料……总之，老而弥坚的老弟，用他简练雅致的文笔，意蕴深刻的叙述，把点点滴滴的所见所闻交织成琳琅满目的多彩世界。写人写事，既不刻意小题大做，也没有引经据典的卖弄，更无写景写情的剪彩为花，刻纸为叶的矫揉造作，一切全凭触景生情，灵感气韵。可见，惟其用心感受，才能抒发真情实感，

《雷神之水》是一本游记，但无疑也是一本出色的文化散文。从太平洋之畔到大西洋彼岸，致佐每到一地，总把目光和思想聚集于当地的文化景观和文学名人的遗迹：他在废墟上建成的花园里流连忘返，他在法国大文豪的故居，遥想雨果有着对东方文明古国一份难解的情结；他在北美的浪漫之都—蒙特利尔的白求恩铜像前，抒发了振聋发聩的心声：他属于整个世界！他在奥地利的音乐之城—萨尔茨堡，感叹莫札特颅骨的失踪之迷……总之，书中各篇，不论写景写情写人，他善于将内涵极为丰富的人文历史的背景，与名人的遗闻轶事串连起来，生发开去，娓娓道来。写到这里，我不禁陷入了深深的思索，当年的一个青年业余作者，到了晚年，垂垂老矣，为何能写出幅短而神遥、墨希而旨永的游记?!

据我所知，致佐在旅游出发之前，必定要阅读游踪所及的有关景

点的资料，研究人文历史的背境。正因为事先做足了功课，一俟身临其境便会有更深刻的感知和体会。待下笔之时，便会得心应手地引用地理、历史的资料增加情趣。

值得一提的是，当年他刻苦专研古典诗文，大量阅读外国名著，这对提高文学素养、丰富审美情趣、开拓更宽广的视野，无疑大有裨益。正因为他潜心感受过古典诗文中的意境、韵律、节奏之美，才会在游山玩水时以诗人的情怀去发现美。读毕《赏枫，宾夕法尼亚》，我便联想到“停车坐爱枫林晚，霜叶红于二月花”所描绘的诗中有画的美景。可以这样说，古典文学对致佐产生了潜移默化的影响。显然，多读书，积累自然也多，知识就会丰富广博，写起游记来，文思如泉涌：描山绣水，一片率真；抒情绎理，总带韵趣。

总而言之，《雷神之水》内容丰富，文笔生动，颇具诱惑力。我读这本书时，心随美景而动，每一篇无不留下深刻印象。

是为序。

雷神之水

我非常兴奋。年轻时在一本画报上看到尼亚加拉瀑布的雄姿，便萌生了前往一游的梦想。年届六十，居然梦想成真！中午，我们从多伦多出发，汽车在沿着安大略湖的 QEW 高速公路上疾驶了一个半小时；快到了，我用目搜寻，却看不到起伏的高山。没有山也有飞瀑？

汽车驶进了安大略省立公园。拐过尼亚加拉大赌场转入观瀑

加拿大境内的尼亚加拉大瀑布

区，便看到不远处的天空有如烟似云的水气在蒸腾，在翻滚，并传来震耳欲聋的轰鸣。我们终于来到了世界著名的三大瀑布之一的尼亚加拉大瀑布。

由美国流入加拿大的尼亚加拉河是世界上最宽又是最短的河，与北美的五大湖区相通，伊利湖，休伦湖，密歇根湖，苏比利尔湖的湖水都流入尼亚加拉河。此河的河床在美加边境因地层的断裂形成了大峡谷，落差有五十几米，排山倒海般的瀑流从谷顶几乎垂直倾泻到谷底，形成了驰名世界的尼亚加拉大瀑布。

我们走到离观瀑栏杆还有六七十米时，一阵一阵细密的水花从对面（约500米）的瀑口像雨一样飘洒过来，还夹带着袭人的寒气。时值春夏，我不由打了个寒噤。

我们扶栏远观：瀑布的宽有一千多公尺，形似横卧的J状。位于J状直线一端的瀑布在美国境内，叫美利坚瀑布，高51米，水帘宽308米。位于另一端由直线伸展成园弧形的瀑布在加拿大境内，叫马蹄瀑，高48米，水帘宽904米。两个瀑布被山羊岛拦腰隔断。海潮一样奔腾的瀑水从如此宽阔的瀑口永无间断地倾泻而下；飞瀑粗犷，瀑帘雄浑，水沫乱舞，雾气茫茫；瀑声似巨雷轰鸣，似海啸长嘶。谷底，石峰削拔，岩柱耸突，飞瀑猝然撞在千岩万壑，瀑花似惊涛裂岸，水珠似碎银崩飞；瀑水在高巍的乱石馋岩中翻滚，窜流。然而，也有若干瀑流因顽石拦路，想急于成行便绕道小渠，没想到身陷死渠而成浊流。

我抬头看，一道彩虹高悬在瀑区上空，朝左遥望，一桥飞架峡谷，这是联结加美两国的彩虹桥。

大自然鬼斧神工创造的壮阔景色使我怦然心动，也加深领略了为什么印第安语把尼亚加拉瀑布叫成“雷神之水”的含念……

离开观瀑区，我们没有朝停车场走去，而是去了边境移民局。办完了过境签证，我们走上彩虹桥。在桥上，不仅可以从新的视角尽览充满活力的瀑布美，还可以俯瞰处在一动一静两缘严重对峙的峡谷美。过境下桥便到了美国纽约州的边陲。我们沿着浓荫下的小径朝观瀑城的深处走去。走了约四十几分钟，我们来到了尼亚加拉河的岸边。这儿人迹罕至，阒然无声。脚下，河面宽阔，河水丰盈；水流不紧不慢，不急不噪。如此沉静的河流怎么会酿成铺天盖地的“雷神之水？我们回头沿着堤岸朝瀑口走去。快到加境时，我茅塞顿开，一千多米宽的河道在距峡谷二百多米处开始倾斜，而且乱石嶙峋，犬牙交错。河床变形，不少急于就成的细流，为走捷径而误入淤塞的河叉成了一潭死水。受阻的河水波涛汹涌，水流纵横，变为成千上万的水团、水龙不屈不挠加快了流速，左冲右突地从重重迭迭的石丛石洞石缝石隙中夺路前进，并汇聚成层层叠叠的浪潮，一排又一排，一浪高一浪地冲向一千多米宽的瀑口。面对无路可走的断崖，面对生死难测的陡壁，它们毫不惧怕，拿出了宁为玉碎，不为瓦全的勇气，放声高歌着凌空而下纵身深渊。尽管跌撞得遍体鳞伤，肢离破碎，它们并不哀号，也不呻吟，而是变成形态各异，粗细不一的湍流，从不同的渠道，不同的沟壑，曲折萦迴，川流不息地在彩虹桥下汇入尼亚加拉河。强烈的求生愿望使它们紧紧地抱成一团，浪滔滚滚地涌向安大略湖。

汽车在 QEW 高速公路上飞驰，我依然沉静在刚才观瀑、赏瀑、探源、寻踪的惊喜中。我透过车窗玻璃，看到了五大湖中最小的安大略湖，心胸豁然开阔。比太湖还要大三倍的湖面碧波万倾，海鸟低飞。

我曾湖边散步，我曾泛舟湖上，我曾在湖畔小镇看人垂钓，我曾钟情于被晚霞映红的湖面。此刻，湖水那样沉静，那样博大。我似乎在湖中看到了那勇往直前的湍流，那石破天惊的飞瀑，那一路冲杀的拼博！

我也不胜痛惜地想到了浊流，死水。

我想起了从祖国来的许许多多老移民，许许多多新移民……

汽车离多伦多越来越近了。

上天入地看飞瀑

19世纪英国著名作家狄更斯，在《美国纪行》中写道："我们走过瀑布地区的每个角落，从不同角度观赏瀑布。即使特纳在其全盛时期创作的最好的水彩画，也未能表现出我所能看到的如此清灵，如此虚幻，而又如此辉煌的色彩。我感到我自己像是腾空飞起，进入天堂。"读完这段对大瀑布赞美有加的文字，我顿时产生了再次去尼亚加拉观瀑的强烈欲望。其实，一个星期前我刚刚身临其境，但是，尽管那澎湃如雷，摄人心魄的瀑声曾在耳畔震响；尽管目睹飞瀑无时无刻不在迸出发出万古不息的激情，我却没有"腾空飞起，进入天堂"的感觉。这是否因为没有多角度地观瀑而饱览全景？我不由得顿生缺憾！为了能尽兴观赏"黄河之水天上来，奔流到海不复回"的"如此清灵，如此虚幻，而又如此辉煌的色彩"的美妙奇景，我出发之前浏览了众多相关资料，弄明白了可以放眼四望的各个角度，胸有成竹地踏上了重游的旅途。

为了观赏飞瀑的多姿多态，加国把维多利亚女皇公园开发成观瀑区；美国把华浦尔州立公园建设成瀑布城。4座破天而立的了望塔，3座矗立在加国境内。登上高160米，成锥形的"思淇朗"了望塔，加美两国的观瀑区一览无余。无比宽阔的瀑布犹如千条轻柔的帐幔在悄然中飘逸抖动，它的上空，高悬一道弓形的彩虹，左侧，一座跨境大桥飞架峡谷，这是联结加美两国的彩虹桥。人在高塔虽然感受不到飞瀑一泻千里的气势，听不到震耳欲聋的瀑声，然而我从其的形貌体察到飞瀑的激情；我从其的色彩感悟到飞瀑的高歌。这种奇妙的意境因视觉距离产生了一种静谧的美。我浮想联翩……

长448米的彩虹桥亦称作“蜜月小道”，许多蜜月旅行的新婚夫妇，都愿意来到桥上，以大瀑布作背景拍照留念。桥的两头飘扬着加国和美国的国旗，中间飘扬的是联合国国旗。站在桥上凭栏远眺，左边，大瀑侧泻千尺，如猛兽奇怪。右边，绝壁陡削深邃，如劈地摩天。一动一静截然对峙的峡谷美不胜收。

离开彩虹桥，我到了不远处一家2层高的旅游商店里，乘电梯下到地底38米。买了一件塑料雨衣穿上，便进入由岩壁挖空的隧道，行走200米左右，瀑声在峡谷的回响扑面而来，如雷贯耳；探头张望，从岩壁的洞穴中可窥见瀑布泻下的背面，飞溅的瀑水像雨点透过洞穴密集地打落在游人的身上。这不禁使我想起了水势浩大的花果山的水帘洞；出了隧道便到了峡谷的谷底。翘首仰观，那锐不可挡的瀑布，飞流直下三千尺！低头俯视，石峰削拔，岩柱耸突，飞瀑猝然撞在千岩万壑，瀑花似惊涛裂岸，水珠似碎银崩飞；无数股瀑水在乱石中翻滚，窜流。

我陶醉于在地面和高塔看不到的景观中，谷底，并非是瀑布的葬身之地，谷底的哄鸣，并非是瀑流气息奄奄的绝唱，跌得粉身碎骨的瀑水，虽然已化成无数水泡细流旋涡，但并不因为势单力薄而听天由命，恰恰相反，强烈的求生愿望使它们水波追逐，夺路前进，争相汇聚后紧紧地抱成一团，浪滔滚滚地涌向安大略湖。

在美国的瀑布城山羊岛一侧，我乘电梯降到45米的地下，穿过约30米长有快餐厅的宽敞隧道，沿着建在谷底的栈道前行几分钟，便到了尼亚加拉河的河边，一座伸展出去不到20米的木桥架在绝壁危崖上，游人行至桥上便置身在“美利坚瀑布”底部的一侧，头上，瀑水飞溅，脚下，河水奔腾。瀑声涛声浑然一片，山鸣谷应不绝于耳。

地下观瀑是独辟蹊径寻景探胜。确实，不同视角的观瀑，有不同的情趣。听说还可以乘游艇或坐直升飞机观瀑，我的游兴更加高涨。

在游船上

豪华型的游艇有 4 艘。我在离彩虹桥不远的克利夫顿希尔乘上了“雾中少女”游轮。游轮在峡谷谷底顶着湍急的尼亚加拉河逆流而上。水气迷漫，白烟萦绕，身披雨衣的 80 几名游客全都簇拥到船头的甲板上。不消片刻船就驶近了马蹄瀑，但听得泷泷水响，滂沛沆溉的巨瀑犹如从天而降狂泻不止，遮天蔽日，惊心动魄，气势雄豪。游客虽然已被浑身打湿，却为之雀跃，兴奋异常。突然所有的游人屏息凝神，万分紧张，游艇只要再朝前驶去，头上的万吨瀑水就成了灭顶之灾！千钧一发之际，船在颠簸中缓缓转弯，掉头，平安脱离险境。游客悬在心中的石头落地了，欢呼着纷纷跑到船尾的甲板。游艇渐渐远去，手舞足蹈的游客对着巨瀑送去了一个又一个飞吻……

我余兴未散，刚下游艇又上了专供游览的直升飞机。飞机在加美两国的观瀑区的低空盘旋，诱人的景色使我目不遐接：处处绿树成荫，草坪舒展，繁花似锦；浓荫下的小径，曲折萦迴纵横交叉；一片又一片的停车坪，停满了成百上千颜色各异的小汽车；瀑布，在阳光的映照下成了一面熠熠生辉的镜面，反射出无数眩目的折光；人迹罕至，阒然无声的瀑布源头——尼亚加拉河——河面宽阔，河水丰盈；瀑布下游，安大略湖碧波万倾。

入夜，一万二千多盏聚光灯，从不同的角度，不同的距离全方位地射向了飞泻不息的巨瀑，随着灯光颜色的变幻，瀑布忽如百丈红绸直挂前川，忽如晶莹透亮的水帘随风飘动；飞溅的水珠像天女散花，飞瀑的倾泻犹如万马奔腾，灯光使粗犷的飞瀑在夜色中变得瑰丽无比，一刚一柔，大自然的雄姿与现代化的手段溶为一体，妙不可言，我为之沉醉，为之激动。

迎着飞瀑、水雾、激流而上的“雾中少女号”游轮

当晚我下榻在观瀑区内的一家乡村旅馆。夜深了，我却久久不能入睡。白天移步换景的多侧面观瀑，使我的全程游览取得了最佳效果；物尽其貌，景尽其态，人尽其兴。然而导游在临睡前的一番话，使我得知瀑布还有其他的美景，我因将失之交臂而顿生遗憾。他说：

到了严冬,被凝固成冰块的飞瀑,近观像重重叠叠,峰峦凌空的冰山,遥望似禽似兽,如亭如榭,栩栩如生,宛若冰雕,其气势之恢宏使人叹为观止;被结成冰棱的瀑花成串成串地挂在每一棵树上,色泽明丽,玲珑剔透,形态殊异,环顾四周满目皆是;在冰天雪地中游览,天上地下一派银装素裹,令人激动不已……他还介绍了北美最古老的博物馆之一的尼亚加拉瀑布博物馆,里面的展品包罗万象,其中有许多大木桶,历年来,许多前赴后继的冒险者,勇于挑战大瀑布,自己钻进木桶,从谷顶随瀑布飞到谷底,幸存者成了探险英雄,亡命的葬身于谷底……他还说:距"摩天塔"不远,有一家巨型电影院,从影片播放的资料中可看到许多珍贵的历史镜头,其中有冒险者被装入木桶后,如何从瀑口随瀑布飞泻到谷底……

导游的介绍把我撩拨得游兴再起,可是,行程和季节已难如愿。第二天,我怀着对上天入地观瀑的迷恋和几许意犹未尽的遗憾离开了尼亚加拉大瀑布。

不见巨瀑真面貌

每一次去尼亚加拉观瀑，那犹如银河倾倒似的飞流直泻，那声及数里的如雷咆哮，那烟雨朦胧的迷茫和七彩彩虹的梦幻，使我深深感受到水在聚散之间所产生的无穷威力，不由慨叹，古印第安人给大瀑布取名为“雷神之水”是何等的贴切、传神！

然而，人们所看到的大瀑布，却并非是它过去和今日的真容。

尼亚加拉河是大瀑布的水源，与地球的年龄相比，是一条年轻的河流，只有一万二千五百岁。与它几乎同龄的大瀑布从诞生的那天起，虽然无时无刻不在悬空狂泻，直捣河谷，可是始终在一寸又一寸、一尺又一尺地后退着。那么何以在一直衰退？在冰的威胁下，在风的肆虐下，在温差和水流的侵蚀下，两岸下层的石灰岩和沙岩被风化脱落，并被汹涌的水流冲走；表面坚实的石灰岩因悬空难支而逐年溃崩。加拿大的瀑布，因瀑顶中间岩石年复一年的坍塌，才于1721年形成中间凹陷的马蹄状。而美国的瀑布也因大量崩坍的岩石堆积在瀑布底下，使得原本高56米的瀑布缩短了21米……一万二千五百年以来，大瀑布从它的出生地，如今的昆斯顿——利维斯顿处一路丢盔弃甲地溃退了11公里，一直退至今天所在的位置，从而形成了五个危岩峭壁耸立、地势险要复杂的狭谷——加拿大的“马蹄形瀑布”和美国的“美利坚瀑布”。

如果没有被侵蚀分化，“雷神之水”的气势无疑会更加惊天动地！

不仅如此，如果不是给人类提供巨大的能源，“雷神之水”必定会更加壮美！

1894 年，第一座具有现代工商业意义的 10 万匹马力的发电厂在大瀑布上游约 2.5 公里处建成。100 多年来，加、美两国相继修建了一系列大、小型水电站。近年，加、美新建电站的大坝，把百分之五十的尼亚加拉河水分流发电，分别供应纽约州和安大略省全部所需电力的四分之一。

可想而知，我们今天看到的“雷神之水”，充其量是原先流量的一半。

流量之巨高达每秒 5 700 立方米，是黄河 3 倍的瀑水若能倾流狂泻，一定比现在所见的大瀑布会更加惊心动魄！人们希望有幸一睹大瀑布排山倒海的气势，要求设定期限开闸放水，但是，这一奢望难以如愿。为什么？当初修大坝的本意只是截流发电，后经专家研究，发现大坝对大瀑布竟起到了意想不到的保护作用。现今的大瀑布虽然还是一道后退的瀑布，若按没有被截流的水量计算，它后退的速度将是每 10 年 2.7 米。现今因截流而减少百分之五十的水量，虽不能制止大瀑布的后退，却可以使它的后退速度减缓为每 10 年 0.3 米。为了延长大瀑布的生命，为了让子孙后代能长久观赏大瀑布的壮观美景，也为了能适量利用水力资源，控制水流量乃是两全其美的上策。

有得必有失，有失必有得，这是任何事物必具的两面性。在保护自然环境和维系生态平衡的得失之间，如何科学的认知和理性的掌控，尼亚加拉大瀑布给了我们有益的启示。

高处不胜险！

加拿大国家电视塔屹立在安大略湖湖畔，高度553.33米。是世界上最高的电视塔。当地人简称为CN塔。塔的周围高楼林立，而它尤如鹤立鸡群。平时外出，不论我到了大多伦多市的任何一个区域，举目远眺总是可以望见在阳光下通体熠熠生辉的CN塔；不论从哪个方向的高速公路回来，远在几十公里以外，一看到独立擎天的CN塔，就知道多伦多快到了。有几次我应约去湖畔的"喜来登"大酒店，酒店虽与CN塔近在咫尺，我却未能前去一游。在国内，我每天透过家里的一扇窗户，便可以饱览"东方明珠电视塔"的雄姿。况且

安大略湖畔的CN电视塔

曾多次前去游览。CN 塔的高度虽称雄世界，但电视塔总是大同小异，也就不屑前往。女儿家虽住在 CN 塔下不远的伊莎贝纳大街已有两年，却从未前去光顾。

在一次华人的聚会上，有人绘声绘色地谈到 CN 塔的“玻璃地板”，称它为“世界一绝”！这才勾起了我的游兴。

那天，我花 16 元加币买好门票，便乘坐 CN 塔外玻璃墙面的液压电梯，仅用了 58 秒便到了 340 米的观光舱。

观光舱内游人接踵。我边走边用目探寻“玻璃地板”，兜了大半圈，只见前面许许多多不同肤色的人，里三层外三层围聚在不知何物的四周；笑声、尖叫声、起哄声、恐惧声、照相机的咔嚓声此起彼落。我从人缝中挤进去探头一看，心一下提到了嗓子眼，天哪，脚下的地板全是透明玻璃，足有十几平方米。朝下望去，行人如蚁，草坪、树木、花卉、喷水池，安大略湖的港湾依稀可辨，听身旁的人说，这儿离地面有 110 层的楼房那么高！我两腿发软，不寒而栗。围观的人多数和我一样，站在玻璃地板的边缘双脚打颤，不敢越雷池半步；有人一只脚踏在硬实的地板上，另一只脚踮着脚尖在玻璃地板上战战兢兢地朝前移动，正当要跨出一步时，实然神色紧张地把脚缩了回来；有两个黑人小伙子不管另一个同伙犟扭着身子拼命朝后退缩，硬是把他推到了玻璃地板的中间，恶作剧的人开怀大笑，被作弄的人穷嘘鬼叫，惊慌地逃了出来……然而，一对东欧的情侣牵挽着走到玻璃地板的中间，对着照相机的镜头拥抱着热吻；一个漂亮的北美姑娘，躺在玻璃地板上做着各种浪漫的姿势；有几个拉丁裔的小孩在玻璃地板上又蹦又跳，打闹着翻跟头……胆大的欢腾雀跃，欣喜若狂；胆小的看一看都浑身哆嗦，胆颤心惊……

这是一个非常有趣的现象。玻璃地板虽然透明，但异常坚固。不要说能承受几十人在上面行走的压力，即使有人用铁锤朝上面猛砸，也不会砸出一个窟窿。可是，绝大多数人，不论国籍种族、不论男女老幼、不论个性品味，明明知道它坚如磐石，万无一失，却会失去理智，大惊失色，望而怯步。当然，以险取乐、处惊不变的也不乏其人。

高处不胜险！这一旅游设施令人惊诧、令人激动、令人难以忘怀。其实，凡是电视塔，观光舱地板的功能除了供游人行走别无它用。CN塔的设计者用巧妙的构思化平淡为神奇，在最安全的高空密封舱内，创造了一种使人身如悬空，心系安危的险境。每一个人的情绪因历险被刺激得惊愕不止，波澜起伏。

如果在观光舱里登上电梯，再上升100米（相当于33层楼高），就到了太空舱。太空舱外是360°的观景台。“欲穷千里目，更上一层楼”，这儿不仅可以鸟瞰多姿多彩的多伦多。比太湖还要大四倍的安大略湖也尽收眼底。放眼远望，160公里外的尼亚加拉大瀑布和美国的纽约州清晰可辨。

这是世界上最高的观光点。

在往后的日子里，每当想起CN塔的“玻璃地板”，我总是心有余悸，回味无穷。“玻璃地板”确实别具匠心，然而我却由此联想到了巧夺天工的江南园林。

江南园林的一大特点，是巧用曲径、迴廊、屏障、庭院、池塘、假山、套房进深的建筑手法，使仅占弹丸之地的园林给人一种无限深邃博大的感觉；而外墙的一扇扇窗棂，使人的视线可看到户外绿色的地野、蜿蜒的河流、拱型的小桥和远处绵延的山峦。这是设计师运用拓展空间的手法，巧妙地使园林建筑和自然风景交相辉映，融为一体，创造了江南园林特有的一种诗情画意的意境。

如果说古典的江南园林是破墙透窗向外借景，那么，现代化的CN塔是在地板上开膛剖肚向下制造险象。在建筑艺术上它们是否触类旁通，抑或英雄所见略同？但不管怎么说，它们有异曲同工之妙！

CN塔，塔中之王！

CN塔的“玻璃地板”，世界一绝！

并不古老的城堡

多伦多市中心的一座山岗上，屹立着一座巍峨壮丽的城堡。外墙鼓凸的花岗岩石块、苏格兰角楼与诺曼式塔楼耸立天际的壮美轮廓，可与中世纪欧洲任何一个古堡媲美。

卡萨·洛玛城堡

德国是世界上保存古堡最多的国家。中世纪的德国，长期四分五裂，到了 17 世纪，竟然分裂成 300 多个小国，这些小国无不想吞并邻国，又要防御外来敌人的入侵，于是国王、领主、贵族和骑士纷纷在莱茵河两岸的山顶上筑起城堡，据险守卫。

20 世纪初，亨利·米尔·比纳爵士，率先利用尼亚加拉瀑布发电，为多伦多不断扩大的城市提供照明，并由此发财致富。亨利一直梦想有自己的一座城堡。当他腰缠万贯，便决定在一个可以俯瞰多伦多的山顶上，建造一幢卓越绝伦的巨大府第。建造城堡时，他借鉴诺曼式、歌特式及罗马式建筑的精华……还从世界各地搜罗家具，甚至从苏格兰引进石匠为他迷恋的古堡建造围墙。

古堡大厅的橡木天花板高过 18 米。四根支柱从底部到顶端全是令人眩目的雕刻……每逢周末，亨利便会举行百人以上的酒会或化装舞会。这是一笔巨大的开支，他却乐意一掷千金……置身其中，自然而然地会感受到亨利时期的优雅和辉煌。

我顺道循序进入古堡图书馆。书橱沿墙而筑，正面一排宽 40 米，两侧的宽 20 米，高与大厅相当。我从未看到空间如此之大的私人藏书室。可惜，书橱里面空无一物。不过，几十扇光可鉴人的玻璃推门、人字形橡木地板、天花板上亨利家族的盾形纹徽，不禁引发我对书房当年所藏之书的遐想。

亨利爵士是工业家，又是金融家，还是军人。从整座古堡的设计到每一个房间的陈设，以及各种设施的安置，无不显示出他的博学和广泛兴趣。我揣摩他所存放的书籍，一定涉猎各种领域和各种学科。

亨利的书房宽敞亮堂，桃花心木的墙板使其更显高雅。孰料，在火炉两旁却巧设暗门，里面夹墙中的秘道可通往夫人的套房和地窖。被好奇心驱使，我沿着一级一级狭窄的，充满神秘气氛的木扶梯下到了地窖。其实地窖是利用氨及咸水形成冷藏功能的贮酒室。内有园鼓形酒桶及各种世界名酒 1800 瓶。亨利并不嗜酒成性，为何突发奇想营造秘道，把书房与贮酒室及夫人的套房相连？是欧洲的城堡还是书本给了他灵感？缤纷的酒瓶看得我眼花缭乱。

亨利的卧室和夫人的卧室都是套房，套房的墙身都采用桃花心木和胡桃木建造。各自浴室的墙面皆装上白色的卡华拉云石。喷淋装置透过使用6个水喉控制3层水管的设计，可以喷洒整个身体。这种精美的多喷嘴淋浴器，不仅为当时，即使与现今相比，也是罕有的装置。

古堡内还有多间豪华的客房、展览室、博物馆、健身房、保龄球道、桌球室、吸烟室……许多回廊都用意大利云石铺设，侧墙嵌板则为安省的云石；24米长的隧道把古堡和马槽连接起来。令我瞠目的是，马栅竟然以桃花心木建造，地板则铺上西班牙的瓷砖；围绕古堡占地2.5公顷的花园，有雕塑、喷泉，山坡上种植的花卉和绿草，随季节的转变各显异彩。不仅如此，电梯和完整的供暖系统，尚未建成的游泳池，有彩色玻璃顶栅的暖房，使得古堡成为对中世纪的狂想与20世纪早期技术的奇妙混合体。

卡萨·洛玛确实是一座古朴而浪漫甚至奢华的城堡！无疑，这是主人的爱好和性格的最好写照。

伊丽莎白女皇曾经创建“女皇步枪团”。亨利是“女皇”步枪团的热衷支持者，并取得少将军官阶。1910年，曾带领600人的步枪团前往英国参加军事竞技大会，而费用全由他支付。由于他一贯对英皇室效忠。伊丽莎白女王封赐他为爵士。可以说，亨利爵士的前半生春风得意。可是，他的结局却令人扼腕痛惜。由于生意的败落及不堪100多佣人的重负，他不得不于1923年出卖他渡过仅仅10年短暂春秋的城堡，黯然迁出。

人去楼空，一无所有的浪漫主义者亨利，从而获得“败落者比纳”的绰号。而他留下的是加拿大人引以为傲的，引人入胜的历史遗迹。

金斯敦千岛湖

“女王号”游船驶离码头才几分钟，我便看到不远处一座横跨湖面的大桥。桥长900米。12座桥墩都建筑在湖中的岛屿上。桥的一头是美国的威利士岛，挂着星条旗；另一头是加拿大的山岛，挂着枫叶旗。游船穿过桥洞，湖面渐渐开阔，西瞻东望，近的远的，纵的横的，林木葱茏的小岛像一颗颗翡翠镶嵌在碧绿的湖面上，这就是加拿大金斯敦的千岛湖。

连结美加两国世界上最小的国界之桥

千岛湖位于圣劳伦斯河与安大略湖的交汇处，从爱德华王子半岛延伸128公里至布自克维尔，分布着1 800多个岛屿。西段岛屿多属加拿大，东段岛屿多属美国。每个岛屿的面积最大的不超过2平方公里，最小的只有几个平方米。这些小岛均被私人购买。一幢幢歌特式、罗马式、希腊式、维多利亚式……风格各异的别墅秀立于每一个小岛上。别墅的颜色，有白的和黄的，褐红色的和浅兰色的……像鲜花争奇斗艳，在炽热的阳光下如同宝石一样闪着奇异的光彩，别墅的主人不是世界500强的巨头就是亨誉全球的明星。为了远离市声车尘和大城市的喧哗，他们一掷千金建造了自己的渡假别墅，每年专程来此仅仅入住一个月左右，以求得片刻的宁静。

扩音器里响起了导游小姐的声音，她用简洁的语言介绍一些别墅建造的概况，或仅仅用昂贵的数字来说明室内装璜的豪华，或三言两语述说主人与别墅之间一段委婉故事的开头……游客听得入神，她却浅尝辄止，话峰一转……。游客睁大好奇的眼睛，想洞穿别墅的墙壁看清屋内的一切，有的欲弃船上岸，好登堂入室探幽寻秘。但别墅属私人领地，谢绝游客涉足，可望而不可及，弄得游客心神恍惚，意犹末尽。一幢幢稍纵即逝的小楼好似罩在云里雾里。成了一个接一个扑朔迷离的谜团，更增加了每一幢小楼的神秘色彩。

游船穿行于小岛之间，游客左顾右盼，导游小姐亮着嗓子叫大家朝左看：循声望去，岛上一幢灰色的2层小楼门窗紧闭。它有尖角的拱门，肋形拱顶和飞拱，拱廊；石铺小路从拱廊延着斜坡一直伸展到湖边的石阶。屋子周围树木葱茏，屋前草坪有一个两边用人字形铁杆作支撑的宽阔吊椅，可以想象，主妇两脚腾空靠在吊椅上，前后悠悠晃动；天光云影，湖水辉映……导游小姐介绍说这幢楼是一对美国年轻夫妇送给4岁女儿的生日礼物。那天，亲朋好友来到这幢刚刚建成别墅的小岛上参加生日派对。待到要进行赠予仪式时，叫唤女儿的名字却没有应答，连叫数声还是没有应答。主人和客人都急了，找遍楼上楼下，屋里屋外还是不见踪影。顿时，一种不祥的紧张的气氛在小岛上弥漫开来。大家相继找到了湖边，在一半浸入湖中的石阶上，他们着到了漂浮着的洋娃娃……喜庆变成悲剧。这对夫妇从此再也没有在这幢小楼居住过。十几年来，每逢既是女儿生日又是丧日的那天，他们来到小岛，来到小楼，长久伫立湖边缅怀女儿……

故事凄婉，带有梦幻般的感觉。那渐远渐朦胧的小楼，那静静垂立的吊椅，似乎变得不可捉摸，不可捉摸中又含有一丝淡淡的同情和哀愁……

游艇驶向美国疆域的湖面，远远就看到矗立在小岛上的城堡，这是千岛湖中最早的建筑，全部用大块大块的石灰石砌成，具有中世纪的风格。游艇靠岸后我们登上了小岛，没有想到城堡里面的装璜是现代与传统风格的结合：6 层高的城堡里有电梯；巨大而平正的玻璃窗有 365 面。在大厅与众多客厅和 120 套客房中随处可见精美的古典绘画；宽阔的走廊通向了游泳池，在城堡的地基中筑有坠道，一直通往湖边的码头……如果从空中鸟瞰，整个小岛呈“心”字形。这是美国的一位企业家乔治·C. 波德特为了表示对妻子路易丝永远的爱，于 1899 年买下了此岛，将岛的形状改成心字形，并请专家精心设计而建造的“心中的城堡”。1904 年，当城堡的建设即将完工时，路易丝得了绝症而身亡。乔治·C. 波德特悲痛欲绝，发急电命令即将峻工的城堡立即停工，三百多个工人放下了手中的工具离开了小岛，乔治·C. 波德特从此再也没有去过小岛……

乔治·C. 波德特是 19 世纪末美国最成功的宾馆工业的巨头。在纽约、宾西法尼亚和费城都有他的宾馆……他还是纽约市宾馆协会的主席……对他来说，“梦想”和“做”是同义词。他是第一个看中千岛湖并投资 250 万美元建造别墅的人。“心中的城堡”虽然成了他爱情的绝唱，后人却沿着他的拓荒者的足迹，在千岛湖一个又一个小岛上建造了林林总总的别墅……

1977 年千岛湖管理委员会获得了荒弃 73 年的城堡。修缮完工后对外开放，第一层现改为博馆，展出了乔治·C. 波德特以及其妻子路易丝带头在千岛湖建房造楼，由此对开发和发展千岛湖所作的贡献……

美国小岛上的“心中的城堡”

船头响起潺潺的水声，船尾泛起白色的浪花。各种各样的别墅与绿色的小岛绿色的湖水溶为一体，使沉静的千岛湖变得更加妩媚动人。

绿岛长虹

重游千岛湖，我乘上朋友驾驶的游艇。船小便捷，可任性穿行于岛环水抱的千岛之间。

航道曲折隐现，游艇迂迴前行，突然一座小岛像屏障壁立于前，顿感山穷水尽之时，游艇稍一转弯，眼前出现了许多弹丸小岛，或兀立于左右，或连绵成一排，或稀疏错落地分散在波静浪恬的湖面上……我分不清身处何国水域，看到的尽是竞俏于绿岛上小巧而精美的建筑：尖顶的维多利亚式房舍、有园柱的罗马式屋宇，白色的巴洛克木屋、古典与现代建筑风格交溶，尽显超时代神韵的楼阁……它们各尽其妙的不同丰姿和自然风光的优雅闲逸，相互陪衬映照，构成了一幅幅各显其美的画卷。

金斯敦千岛湖的1 800多个岛屿，像宝石镶嵌在128平方公里的湖面上，大的不超过2平方公里，小的只有几平方米。根据印第安易洛魁人神话，古代有两个巨神，一善一恶，为控制圣劳伦斯河拼死而战，不断地将巨石连珠炮般抛向对岸，其中有很多掉入河中。善神胜利后，一份神奇的福祉降临，使湖上无数的花岗岩石块布满绿色的树林，形成美丽的千岛湖。

尘嚣绝迹的碧水绿岛，处幽居胜的“人间仙境”，昔日曾经是善恶争斗的古战场？这虽然是传说，却寄托着人们美好的愿望！友人告诉我，在历史的演变中，这一愿望曾几度受到严峻的挑战，金斯敦千岛湖确实发生过战争，而且不止一次……千岛湖军事博物馆——“亨利古堡”有战争史迹的陈列。

游艇在岛环水绕的湖中轻驶慢行，湖面渐渐开阔，他指着不远处耸峙半空的塔楼说，那就是有名的“亨利古堡”。

“亨利古堡”地处圣劳伦斯河与千岛湖相通的地势较高的半岛上。河的对岸就是美国的纽约州。战略位置极其重要。城堡用大块大块的石灰石砌成。城堡两侧的垒墙隔数米就有雉堞和垛口，前沿有炮台。进入古堡，顿感它不像多伦多卡萨·洛马古堡可以体会到过去时代的浪漫与优雅。周围的高墙没有窗口。里面没有高贵典雅的房间，打开一扇扇厚重的门，尽是阵列长枪的军械库。地面上有几口水井；地下有像迷宫一样布局的粮油储藏库和弹药库，还有几条隧道通到不同方向的湖边……据图文介绍：1775年，英国向加拿大金斯敦发起攻击，使它一夜之间陷落。1812年爆发第二次英美战争，金斯敦又成了对抗的战场……为了抵御敌人，英军在此修建要塞。后来居安思危，于1832年动工修筑“亨利堡垒”，1848年建成后虽驻有军队，但加美两国已化干戈为玉帛，也就失去了扼守咽喉的作用。1938年，古堡作为历史遗迹对公众开放。

游艇驶离了城堡，我回头望着它渐渐变小的轮廓，不胜感慨。倘若它建成后所面对的是交恶杀戮，是刀光剑影，无疑会被战火焚毁得疮痍满目！千岛湖势必会被鲜血染红！

游艇驶近了两座小岛。奇怪，周围的岛上都有挺秀如画的别墅，唯独这两座小岛见绿不见楼，中间却架着白色拱形小桥。桥长10公尺多一点，仅两个人宽。朋友说可别小瞧了它，它横跨加拿大和美国，是世界上最短最小的跨境桥。桥下，两个岛屿之间就是边界。既然是边界，却不设边卡，没有哨兵！友人说你不必惊讶。加美两国陆上的边线长达5 500公里，可称是世界上最长的不设防的边界线。两国公民不需签证就可跨越国界。有一位叫赛西尔·比奇德的加拿大老太太的住宅恰巧建筑在边界线上，它的厨房在加拿大一边，而浴室却在美国那一边。她每天都要往返于两国之间，在美国的浴盆里洗澡，而在加拿大的国土上用餐，她创下了世界上进出国门次数最高的纪录，没有人可与她相比。我以为他是在说笑话，他用肯定的语气说这是事实。

友人驾着游艇飞速向前，不一会顺着他指引的方向，我看到了横卧空中的一座大桥。

这是一座以湖中 12 座岛屿为桥墩，由多段钢桥与岛上公路连接成的岛桥组合体，长 9 000 米，其中的悬索桥连接加拿大的山岛和美国的威利士岛。两头分别挂着枫叶旗和星条旗。游艇在树木茂盛、绿意盈然的“桥墩”之间曲线萦迴。友人说，千岛大桥还享有“绿岛长虹”的美称。多美的名字，不仅形似，而且神似，绿色岛屿组成的桥墩，坚实而充满生命的活力；彩虹似的钢桥，长久地把加美两国紧紧相连。它象征着加美两国的友谊！

碧水绿岛的自然神韵，别墅古堡的人工巧筑，“绿岛长虹”和跨境小桥的遥相呼应，使千岛湖更加充满诗情画意！身处其中，人间冗务似乎已被净碧如洗的湖水所溶化。

乡野觅食的另类情趣

客居异域，友人常陪我猎奇尝鲜：在魁北克，请我吃正宗法式沙朗牛排，在渥太华，款待我的是美式烤火鸡……多伦多是一个多元文化并存的大都会，加拿大枫糖雪鱼、意大利柏尔马火腿密瓜、墨西哥托尔蒂亚薄饼……遍尝不同美食，方觉法国菜精致，英国菜朴素，德国菜简单……友人说德菜虽然乏味，但他在汉诺威吃了"德国薰蹄"食而难忘。我将信将疑，味道再好，比得上镇江的肴蹄，苏州的闷蹄，宁波的扎蹄？既然他一味夸赞，称其确有独特的风味，我真想一饱口福，无奈食肆远在万里之遥的欧洲，无从觅食，成了一大憾事！

近日上网，不经意发现基奇纳市出产的名品中居然有"德国薰蹄"，若前往仅 1 小时车程。觅食有望。我便积极鼓动，星期六上午举家出发。

基奇纳人口 18 万。原名叫柏林，最早的居民是从美国宾州移民过来的德裔门诺教派人士。因担心新独立的美国以后可能发动另一场战争，自己会失去免服兵役的权力，于是在 18 世纪 80 年代，追随亲英的保皇党人北迁加拿大并在这一带繁衍滋生……后来大批德国人又源源不断地从欧洲越过大西洋到此定居。使基奇纳成为加拿大最大的德裔聚居地。第一次世界大战，加德是交战国。为了与加拿大其他地方保持一致，便把听起来英国化的名字基奇纳作为市名。现在德裔居民占全市人口的 60%。

汽车进入基奇纳市郊，我们便到加油站探问何处可吃“德国薰蹄”。对方立即从收款机旁走到屋外，热情地说，海德堡餐厅在圣·杰克勃镇……薰蹄是我们德裔世代相传的名菜，欢迎你们专程光临……

乡间公路平坦宽阔，汽车虽然关紧车窗，开着空调，但还是闻到一股刺鼻的牛粪味。沿途的农田种着玉米、马铃薯、番茄、黄瓜等蔬果。期间，不断看到有枫树、橡树、铁杉的浓荫掩映的花园洋房。这是农民的农舍，有的是平房，有的是二层。都有前园后庭。窗前檐下，园内园外都盛开着鲜花。在大片大片农田之间，有用木栅栏圈养的牛群或马群，少的十几头，多的上百头聚散其间。

圣·杰克勃镇上最热闹的街道可一眼看到尽头。两旁有现代的酒吧、咖啡厅、超市……有一百年前的教堂、古朴的农具杂货店以及古风犹存的木板塔楼。古老的店面和现代商铺全是木结构的二层小楼。门面不大，老屋门楣低矮，窗框狭长；新的商铺外有围着栏杆的廊檐作人行道。新旧之间虽古今有别，但明显地透露出共有的德国趣味：店门两侧摆放的，廊檐垂吊的，栏杆横木搁置的，外墙支撑的，全是姹紫嫣红的盆景。

街上，汽车川流不息，也不时有四轮马车缓缓驶过；行人中，既有衣着时髦前卫的女性，也有穿灯笼短袖长裙，头戴宽边帽的姑娘和妇女。这些驾着马车和穿着一百年前服装的德裔后人，他们守旧，固执，拒绝文明，一直保留着过去的生活型态。人人的脸上都有一种安然的自信。当今，尤其在西方，愿意保留着过去生活型态的族裔已经不多见，但在基奇纳，这些德国人的后裔也许轻易不会忘记他们的祖先，还在怀念已经不见踪影的乡村小道，动辄就驾着马车行驶在蜿蜒于田野中的乡村公路上。蓦然萌生的微妙联想似乎把我引入莱茵河畔烟远的年代。

我们在镇上找了半天不见海德堡踪影。这中间，压根儿没有碰到黄脸孔的东方人。而我们却成了镇民注意的目标，成了他们眼中的老外！这种感觉在多种属裔多元文化共存的多伦多从未有过。后来我们进入一家餐厅探问，女侍说：薰蹄人人爱吃，你们慕名而来，一定不虚此行……她详细指引我们去海德堡餐厅的路径。

海德堡餐厅

汽车 10 分钟后抵达海德堡餐厅。这是一家古拙的乡村饭店，除了对街 2 间小铺，周遭全是乡野。停着几十辆车的停车场，使得僻寂之地毫无苍凉之感。店门在临街的一侧，斜对面一架年久斑驳的四轮马车，虽是陈列，却如羁旅中的停歇，加重了餐馆浓郁的乡土气息。我们拿出相机正欲拍照。这时，一辆刚刚从停车场开到街口的轿车迅速退了回来。一位妇人从车窗探头，友善地招呼我们，并问，要不要让她帮我们拍照。我们一时没有会意，她却已经下车，热情地说：你们一定是冲着薰蹄远道而来，我们的祖先就是坐着这种马车来吃薰蹄的。我想你们全家没法合影，我可以代劳。原来如此，我们感谢她的好意，并误认她是饭店的人员，便夸赞她的服务热情周到。她笑着说，我是这儿的常客，薰蹄是我市的特产，余味无穷！说完与我们拜拜。车到街口，她还伸手窗外，再次挥手作别。

饭店的黑色木刻雕花门旁有一块铜牌，上面镌刻着省政府命名这家建于 1853 年的餐厅为旅游饭店。

由走廊相连的2个餐室低矮并不宽敞，四壁围着长沙发座和长餐桌；中间，小小的方餐桌和小小的靠背椅错落有致地摆放着。稍大餐厅的一端还有吧台和钢琴……古典的德国乡村音乐似乎在提醒满座的客人，这儿的每一根门柱，每一幅壁雕，每一盏吊灯，无不透露着一个世纪前的神韵，并由此可窥探他们现今的生活状态与前人的生活的相互关系。置身历史的原貌中举箸进餐，一种时光倒流的意趣悠然而生。

薰蹄事先已在特制的铁锅里蒸、卤、煨、烩。点菜后再熏饪20分钟才把色泽亮丽暗红，荤香诱人的佳肴端上餐桌。细细品味，肥膘香脆腻而不油；瘦肉酥糯鲜美无比，确实别有风味。我们大快朵颐，5个人居然吃掉2只蹄膀！齿颊留香，欲罢不能，又追加2只。看着女侍打包，我突然想到了周庄的"万山蹄"。

周庄，河道呈井字型的江南水乡，民宅临河而建，依水成街，坐在仿古的篙船上，在浆声汩汩中左观右瞻一幢幢黛瓦粉屋的古朴老宅，一座座形态各异的石砌小桥；走在长街曲巷的石板小路，倾心聆听婉约抒情的江南小调，清新自然的吴语民谣，犹如"船在画中行，人在画幅中"，令人心旷神怡，流连忘返。还有一进古镇满街飘香的"万山蹄"，引人驻足，令人垂涎。"万山蹄"，以明朝江南第一首富沈万山命名，红香酥嫩，口味极佳，盛名远播。我慕名已久，去周庄前，曾遐想在临河的楼阁品味"万山蹄"，必定情趣横生。可是，随着游兴渐浓，食欲却在急骤减弱。所到之处，不论酒肆茶楼，不论幽巷河畔，全在出售多如牛毛的"万山蹄"，有的在古韵犹存的民宅破墙开店，有的在狭窄的家门口挂牌设摊，身后大铁锅里的酱油汤正煮着几只蹄膀……他们不仅没有自惭形秽，却个个都在标榜自己"绝对正宗"，嘈杂的不绝于耳的吆喝声，不仅把千年古镇的风貌和小桥流水的诗情冲淡了，鱼目混珠，良莠难分，迫使喜食"万山蹄"的食客也望而怯步。

翌日经指引，我去沈园酒家大饱口福。这儿才是正宗的"万山蹄"：膘糯皮爽，肉质饱吸液汁，虽又软又烂，但味醇且有嚼劲。余味无穷，食而忘形。据介绍，文火慢炖前，已配用特制的调味酱汁，故而肉香四溢。我不胜感慨，“万山蹄”名不虚传，只因本地有些人见利忘义，滥竽充数而自贬声誉。

觅食“德国薰蹄”的过程却令人倍感亲切。尤其两位指路人和那位妇女，他们罕见的热忱给我留下深刻的印象。显然，他们已把“德国薰蹄”看成自己城市的荣耀。

独家经营的“德国薰蹄”，深藏乡野，百年风情，不仅味美，还有诱人沉醉的另类韵味……

钢城无处不见绿

在一次侨友联谊会上，刚结识的大宏告诉我，哈密尔顿是一个绿色王国，年产钢950万吨，占加拿大钢产量的三分之二。我非常惊讶！钢铁生产不可避免地会产生烟雾、钢渣、尘粉、污水……给人的印象是又粗又黑，焉能成为绿色王国？我萌生了前往探游的念头。

初秋的一个休假日，我与大宏相约在喜来登大酒店见面。凭我的经验，凡空中有浓烟翻滚，黑云压城，那里便是钢铁基地。他明白我的来意，陪我乘电梯上到32层。登高望远，碧空如洗，50公里外的多伦多电视塔依稀可辨；左右环视，满眼皆绿：绿树成林的街道，绿树掩映的小楼，绿叶成荫的街心花园……大宏指着远处说，那边就是钢厂。奇怪，烟囱寥寥无几，不见喷出滚滚浓烟，即使是淡淡的烟云也不见踪迹。厂区的上空几乎被参天大树的浓荫所掩映。我顿生疑窦，探询地问：那边是？大宏肯定地说，是钢厂。

从市中心驱车20分钟便来到相互毗邻的加拿大钢铁公司和德法斯可钢铁公司。厂区外围由绿色的树林、绿色的草坪、绿叶扶持的花丛形成密密匝匝的绿色隔离带。厂区内，道路干净，厂房不仅明洁，每一堵墙面上都缠满绿叶连片的爬山虎；车间和车间之间被林海似的大片绿带所间隔。炼钢车间，火焰四射、钢花飞溅。呛鼻的烟雾、喷涌的尘粉、灼人的热浪、刺耳的喧嚣，虽然无时无刻不在冲突、轰鸣、飘洒，但是几乎被四周的绿色海洋所吞没。绿色的屏障虽可阻隔这些污染物的扩散，但并不是绿色长城。透隙穿缝的烟尘无孔不入，到处飘洒。岂能不越雷池落定尘埃？我提出自己的疑问。大宏耸耸肩说，很遗憾，不能带你去车间参观，据说里面的除尘设备是世界一流的。他把车开到厂房的后面。我俩走过一条林荫小径，来到上有枫叶覆荫，下有低矮树丛围绕的宽阔的场地。大宏指着一只只一米见方的纸板箱说，经过除尘设备的处理，已经回收打包……我曾经在钢城马鞍山生活了28年，免不了回忆起曾经无数次路过炼钢车间的情景：淅淅沥沥的尘粉像细密的雨点纷纷扬扬，我不得不一路快跑……回想往昔的避之不及，我伸出双手，虽感热气弥漫，却没有半滴"雨点"落在掌心……尘粉被吸纳打包回收，周围的绿叶花草居然不见污秽和结灰，如果不是身临其境，真不敢相信自己与炼钢炉近在咫尺。

汽车转了几个弯停在了湖堤上。我这才发现这两家钢铁公司都座落在安大略湖的伯林顿港湾。安大略湖碧波万顷。一群又一群的海鸟在湖面和厂区的上空自由翱翔、嬉水、啄食；湖边挺立着一排排几丈高的铁杉，我沿着湖堤边走边审察，水色碧绿，透亮秀美！我不禁联想到九寨沟的五色彩池、小三峡的碧波清流。那两地净碧如洗的秀水深藏于大自然的怀抱，伯林顿港湾却处于工业城市一隅。与铁水钢花常年相伴，居然没有被侵蚀成污流浊水！

见我惊讶，大宏指着绿树丛中的一幢小楼说，那是环境保护监测站，昼夜进行监测，一旦发现有企业超标排放污水，立即警告并课以罚款，重者的罚款甚至是企业的全年利润。

罚得颗粒无收！我怔住了。大宏加重语气说，不仅如此，为了防患于未然，在法律上还明确规定：每一个工程项目的环保工程费用必须占整个工程费用的十分之一。投入环保的数额如此之巨！况且是用法律条款加以保障！我转身纵览花园似的钢厂，陷入了思考……

上了汽车，我喃喃自语：这样的巨额支出，谁肯自愿挖肉放血？

大宏说，我刚来时也不理解。后来才弄明白……他想了想说，反正你不急着回多伦多。我们边喝咖啡边聊。

汽车很快进入了市区。沿途，不管城郊或市内，看不到任何一块裸露的泥地，目光所及尽是不计其数的净土绿肺：碧绿的草坪、绮丽的花圃、苍翠的树木，还有刚刚泛红的枫叶。

大宏选择的露天咖啡馆，座落在商业大街与一条横街的交汇处。这儿既能观望繁华的街景，又可看到横街两侧的幢幢别墅和斜对面的街心花园；咖啡馆后面是众多花圃和如茵的草坪。落座前，我用手抹了下座椅，大宏笑说，你放心，这儿与多伦多一样，家里半个月不打扫也不会有灰尘。他呷了一口咖啡，打开了话匣子：我已来了 3 年，在麦克马期特大学读材料科学。傍晚，我喜欢坐在这儿看书消闲。你看那些院子，多美啊！我把目光投向那一幢幢别墅。每幢别墅的院子里都有草坪，盛开着鲜花；有的屋主拖着细小的橡皮管，左右上下幌动着喷嘴在喷水；有的院子里装有自动喷头，旋转不息地喷出划成弧线的水珠……对此我并不感到新奇。在多伦多家家如此，司空见惯。大宏用目示，我转身了望，十步开外，一大片围着木栅栏的草坪上，有的狗正在与主人戏闹，有的狗跃向空中嘴衔飞碟，有的狗在相互追逐……我说那是专供溜狗的草坪，到处多有……大宏点点头说，我刚来时，天天在大街小巷见到那么多的狗，心里就犯疑，怎么从未在马路上见到一堆狗屎，后来发现，只要狗一拉屎，狗的主人立刻就把狗屎捡到随身带着的塑料袋里。见得多了，渐渐悟出一个道理，加拿大人对保护环境有着高度的自觉性。他借题发挥，我品出此中三味。这时，人行道上一个牵着狗的六七岁小孩，正把捡起的狗屎放进了塑料袋。大宏感叹道，你看，这个小孩捡狗屎的样子比大人还认真。平时，对这种现象我已熟视无睹。现经大宏一点拨，似有所悟。

大宏意味深长地说，这些小孩，并不懂得环保知识，但他们会模仿大人的一举一动。可见大人对小孩的影响多么重要。

是啊，潜移默化，润物细无声。孩子成人后，当他们从道理上懂得环保的重要性,他们便会把从小养成的习惯。变成自觉建设绿色家园的行为。

临别时大宏说。钢城变成绿色王国。这不是一代人所能完成的,是几代人努力的结果!

我向大宏挥手作别。汽车渐渐驶离了哈密尔顿,我想,钢城给我留下的不仅仅是绿色王国的印象,而是发人深省的启迪……

加拿大联邦议会大厦

他属于全世界

如果不到格雷文赫斯特，我不会从感性上认知白求恩的伟大，如果不是光临蒙特利尔，我不会深切体会到白求恩的博大胸怀。

格雷文赫斯特小镇白求恩故居

格雷文赫斯特是位于马斯科卡湖滨的幽静小镇，初来乍到，那一份一尘不染的洁净和盎然的绿意给人的印象尤其深刻。长街短巷，市井广场都有葱茏的树木和绿色的草坪，掩映着一座座显露出 19 世纪维多利亚时代古老风韵的典雅小楼。小镇的周围尽是湖泊和山川，加拿大人和美国人在湖畔林中建造了上千幢四季别墅。每逢周末他们从城市来这里度假：冬天溜冰滑雪；夏天游泳钓鱼，或进行各种水上活动，或作泛湖之游。能生活在这一风景如画的小镇，实在是一种福气。1890 年 3 月 3 日，诺尔曼·白求恩就诞生在约翰街 235 号，这是一幢乳白色的木造双层尖顶小楼。

与前厅相邻的书房里，写字台上陈放着日历和烛台，座钟及圣经，墙上挂着圣母玛丽亚的画像和十字架。白求恩的父亲笃信上帝，是牧师。他却没有子承父业，而是追随祖父成了一名外科医生。

白求恩母亲是一位英国家具师的女儿，秉性贤慧，举止温柔。客厅里一架古色古香的钢琴，是她的爱物，她弹奏出不知多少美妙的乐章。二楼的卧室里，陈列着白求恩睡过的摇篮。谁能想到，就是这只小巧玲珑的摇篮，却孕育出一个伟大的生命！

故居一侧的白求恩纪念馆里，陈列着各种文物模型、图片和文字资料介绍他的一生。白求恩从小就有冒险精神和做外科医生的志愿。一天下午，他的母亲闻到一股血腥味，便循味追踪到阁楼，发现白求恩正在聚精会神地在解剖一只牛腿，那时他才 8 岁。

当地民众在小镇歌剧院前，竖起了身着八路军军装，手拿听诊器，似乎正要为伤员治疗的白求恩的青铜塑像。凝望着这尊显得异常热忱、干练而栩栩如生的动人形象，我被深深感动了。从当地居民纪念他们引以为豪的儿子的义举，我看到了加拿大人民对中国人民的友好情谊。也只有身临白求恩的故乡，我才由衷感悟到白求恩的伟大。他的家乡一派怡静安祥，美得像世外桃园，洁净得像人间仙境！白求恩可曾想到过告老回乡，颐养天年。他的行动告诉我，他从未有半丁点儿安度余生的打算。他所想的是外面的世界！

他毕业于多伦多大学医学系。他把自己的年华和知识奉献给了当时加拿大最繁华的城市蒙特利尔。在他 1928 年—1936 年工作过的皇家山下的皇家维多利亚医院，至今还保存着他工作过的手术台，麦吉尔大学奥斯勒医学图书馆珍藏有白求恩大夫发明的医疗器材和借阅图书时的亲笔签名。白求恩行医时发现，易患重病的穷人看不起病，生活优裕的富人们却是诊所常客，气愤之下采取了对富人故意多收费、对穷人少收费甚至免费治疗的方法……

蒙特利尔的白求恩塑像

市中心有一个草坪处在三条街之间，这就是白求恩广场。我特意前往拜谒。草地上矗立着白求恩的汉白玉雕像。他脚穿草鞋，身着八路军军装，外罩白大褂；右手下垂，左手自然地握拳于腰间，两眼凝视前方，潇洒敞开的衣襟向身后飘散着。似乎正英姿勃勃地行走在冀中平原。他那瘦削的脸上颧骨突出，前额宽阔，头顶过早地秃谢了，深邃而炯炯有神的眼睛，不仅流露出聪慧、慈祥而坚毅的神情，还表现出一种国际主义战士的勇敢、无私和豪迈。雕像下的基座正面，分上下两排镌刻的名字——NORMAN BETHUNE，显得庄严、朴素而又突出。

我久久端祥着洋溢着天地正气的雕像。感慨万端地转过身，望着高楼林立，但依然保持着堡垒古城遗风的蒙特利尔，不禁怦然心动。可以这样说，白求恩在这个城市度过了他一生中辉煌的 8 年。他既是医学博士，是享誉欧美的著名外科医生，又是北美胸外科医生协会的五人执委之一。他还发明过多种手术器械。他功成名就，说地位有地位，论金钱有金钱，他完全可以拥有更优厚的物质条件，完全可以在这座被称为小巴黎的大都会养尊处优，可是他心中惦念的是更广阔的世界！

高爵不足羁其鸿志，厚禄不足系其雄心。他于 1936 年奔赴西班牙马德里，在反法西斯前线抢救伤员。半年后回到加拿大。不久他不远万里来到贫穷落后的中国，来到硝烟弥漫的战场。他饮马唐河浅滩，转战太行丛林。为了在火线进行手术，他一度化装成农民进入日寇后方。后来有位领导人对他说，去前线既不方便也不安全，要"照顾"他留在敌后延安时，白求恩气愤之下竟拿起一把圈椅向窑洞的窗户砸去，直飞落到院外，并大喊："需要照顾的是伤员，而不是我！""军医的岗位是在前线！"

1939 年秋，他在准备动身回国筹款前，因日寇开始冬季"扫荡"，战斗趋于激烈，便推迟行程投入抢救伤员，不幸在手术中自身感染，于 11 月 25 日逝世。

想到白求恩大夫不幸英年早逝，想到他伟大的献身精神，我觉得眼前看到的不是塑像而是活生生的白求恩。他风尘仆仆，不知是做完手术从山村哪座破庙里出来，还是要奔赴前线去抢救八路军伤病员……

公园里，翩跹飞舞的白色和平鸽，有的围着塑像盘旋，有的在游人间穿梭，有的贴着绿草低飞……营造出一种和平宁静的气氛。

和平，正是白求恩所企望的。蒙特利尔是北美的浪漫之都，富足繁华的生活，优雅高贵的上流社会，都无法束缚他投身中国抗战的鸿鹄大志。我用无限崇敬的眼光再次凝望白求恩雕像。在雕像下的标牌上，还刻着白求恩的出生地点和逝世的地区，并注明了他从出生到离世的时间——1890 年—1939 年。这段文字，恰恰反映了他壮烈的人生，从马斯科卡湖到唐河岸边；从皇家山到太行山麓，留下了他一行行英雄的足迹。

这座雕像是中国人民对外友好协会的赠与。蒙特利尔为此建立了白求恩公园。白求恩的一生绝大多数时间在这里度过，然而，在中华民族危难的时刻，这位高鼻子蓝眼睛的外国人，不仅与我们并肩战斗，还献出了宝贵的生命！他在中华大地精神的升华，使他成为一位伟大的国际主义和平战士，并给世界留下了宝贵的精神财富，因此他不仅属于加拿大，不仅属于中国，也属于整个世界！

在北美摘樱桃

北美的城市和每一个社区，都像幽静清丽的大花园……生活环境虽美，人们还得一早开着小车匆匆上班。紧张而认真地工作——用比萨饼或汉堡包作午餐——开着小车绝尘而回。生活机械而节奏急促。平时的周末或节假日，他们便远离城市，去钓鱼、打猎、划船、爬山、滑雪……入夏，人们纷纷参加“亲近自然，溶入田园”的野外活动，有的合家去农庄采黄瓜、蕃茄、豌豆……有的结伴前往果园摘苹果、草莓、洋李……

我一直向往异国的田园生活，况且对樱桃情有独钟，便约友人去摘樱桃。

幼时听说樱桃又甜又可口，古典文学把美女的嘴唇形容成樱桃小嘴，便知樱桃一定鲜嫩甜美。樱桃素有春果第一枝的美称，被誉为果中珍品。樱桃好吃树难栽！因受气侯的制约，只能作为小树种在我国北方有限的地区栽培。产量少，远不足上市供应，能亨此口福的人寥寥无几。

初尝樱桃是在1971年，其实仅仅尝到了樱桃的味儿。那时我经常上门求教作家肖马。他才气横溢又热情好客，每当言犹末尽，他就留我吃饭。有一次他拿出一瓶樱桃酒邀我同饮。酒醇醉人，樱桃味的芳香甘甜更使我萦回难忘。真想饱啖，南方却无处寻觅。

第一次鲜食樱桃是在改革开放以后。亲友春节拜年盛行送上一盒奶油蛋糕，蛋糕不但雕花，还用各种水果点缀，其中就有像玛瑙那么大的红樱桃。轻轻一咬，红色的果肉晶莹剔透，殷红的汁水沾在舌尖上，味道好极了。可惜仅有几颗，为之垂涎。想买，市面上还是不见货源。到了九十年代，每到春末初夏，果品店和超市已有樱桃上市并逐年增多。珍馐佳果，已成易事。这得益于农科专家的品种改良和科学栽培技术的普及。辽南的大连、胶东的烟台、后倚燕山的秦皇岛等地，夏无酷暑，已可以大面积种植。

一个周末的清晨，我们从多伦多上了 QEW 高速公路，驱车半小时后即转入了郊区公路。沿途，草坪与草坪之间，是一栋栋式样各异的 2 层别墅。这是农民的农舍！鲜花盛开的院子里停着一辆或两辆小汽车，还有箱式货车和搁在两轮拖车上的游艇。

汽车拐进了乡间小路，路的两旁挺立着高大的枫树。在一幢 2 层的农舍前，一下车便闻到弥散而来的甜丝丝的馨香。透过树隙，看到的是不见尽头的樱桃林。红绿相映的树上，缀满了上千颗黑红黑红的樱桃。

农舍前，台阶一侧贴着一张告示：凡边采边吃不受数量限止。台阶下摆着一只只方型的塑料篮子。我付给农场主 8 元加币，他给了我一条帆布腰带。系上腰带，挂在腰带挂钩上的篮子便垂在腹部前。同行的友人从一旁把一只人字梯扛在肩上，以便采摘树枝高处的樱桃。农场主告诉我们，他们种植的品种是北美的良种，名曰“黑红樱桃”。

“黑红樱桃”的主要栽培区在北美的加拿大南部和美国中北部地区。由于有落基山脉的阻挡，该地区夏季干燥少雨，北部的冷空气又可以南下，使之形成冷凉的气候条件，适于甜樱桃的生长发育。

果园面积达 126 英亩，拥有 18 000 颗果树。樱桃树高逾 3 米，树冠约 4 米，阳光照在黑红透亮的果实上，因其位置的不同折射出五光十色的光点；彩蝶穿越树丛掠过树梢四处纷飞，秀丽幽深的林子越发扑朔迷离；其间更参差数株高有丈许的桑树，紫黑的桑果结满枝头，分外耀眼。浓荫挡住了夏日灼人的阳光，从田野吹来的微风带着丝丝凉意，林子里一片清凉。我们深深呼吸凉爽的带有甜味的空气，感到沁人肺腑的舒畅。在林子深处，绿荫底下，我们把一颗颗樱桃采摘下来……樱桃肉质细腻、多汁、甜得爽口。我们大快朵颐，口留余香。

鸟鸣千啭，蝉吟不穷的果园里，不一会响起了笑声、喧嚣声、惊叫声，各种肤色的男女老少接踵而来。有的伸手一撩，有的踮着脚尖、有的爬上人字梯、有的小孩骑在大人的肩膀上，他们采摘的姿势不同，有的手指灵巧，有的动作笨拙，但采摘樱桃并不讲究技术，不过是一种劳作。这种劳作充满着野趣和闲情：一位金发女郎背靠树杆细品樱桃，一付悠然自得的样子；一个小伙子仰卧草地，女友喁喁私语之际轻柔地把樱桃放入他的嘴里；有人把樱桃一颗颗抛向空中，另一个张大嘴巴居然颗粒全收、几个小孩淘气地挥舞着枯枝在追虫扑蝶……在这里，没有钢筋水泥人造森林所形成的压抑，没有厂房的高墙和办公室的封闭给精神所造成的窒息，没有川流不息的汽车和从早到晚的市嚣的侵扰。人人因迷恋花香果甜而忘形，人人因坠入诗情画意而神醉，人人因随心所欲而放纵：任心地采，恣意的吃，尽兴地玩，纵情地笑……这种情趣是在酒吧、咖啡馆、夜总会所不能获得的。

采摘樱桃的人畅吃带足，留连忘返；刚刚抵达的人鱼贯而入，陆续不绝……人们趋之若鹜是因贪吃占便宜？塑料篮子堆得再高能装多少樱桃？驱车数十公里，来回的汽油费已足够买上几公斤樱桃了。这么多的人又吃又拿，日复一日，农场主岂不入不敷出！其实不然，这恰恰是农场主的精明之处。采摘、包装、运输 18 000 颗樱桃树的果实要雇用多少人工？须知，这儿的劳务费以小时计算且相当昂贵。在包装和运输中的损耗又有多少？上市的樱桃无疑没有果园新鲜……让游客自行采摘，各取所需，双方互利，何乐而不为。

中午，我与友人拎着满满一篮子樱桃走出果园。乡村小道上停着的上百辆小汽车陆续启动。满载而归的人们，并不因为持久的劳顿而疲惫不堪，相反，个个情绪饱满，神采飞扬。怡悦身心的田园风光、农耕细作的新鲜感、丰收的欢乐，无疑给他们注入了新的活力，进而带来情绪的振奋。这种精神上的享受非置身其中无以得之。

天山郁金香

5月的渥太华遍地是花的彩带，在国会山上、总督府前；在运河两岸、道斯湖畔，各种形状的草坪围着成千上万的的郁金香：有的一色方阵，风姿高雅；有的杂色纷呈，姹紫嫣红……300多万株郁金香从渥太华延伸到一河之隔的戈蒂纽，形成了长达15公里的郁金香小道。

郁金香，一枝一朵花，花型独特，形似高脚的香槟酒杯；另外还有

渥太华郁金香展

车轮形、星瓣形和重瓣的郁金香。花色多彩，一朵一种颜色，红蓝黄白黑橙紫。

其实，这花儿的真正故乡是郁金香之国荷兰。第二次世界大战期间，荷兰女王朱丽娜来渥太华避难，直到胜利后才返回故国复位。为了感谢加拿大的患难相助，荷兰政府赠送了10万株郁金香球茎，另外荷兰王室也加赠两万株，空运到加拿大，种植在渥太华伊丽莎白皇后大道旁的花圃内。以后年年如此。北美的冬雪适合郁金香落土繁衍。那一株株清秀、高雅的花朵象征着加、荷两国人民的友谊。每年5月，适逢郁金香三个星期的的花期，渥太华便举行盛大的郁金香节。

人在花海中倘佯，触目所见全是郁金香，会不会因不断重复而产生审美疲劳。不，一路漫游，一个又一个既竞相怒放又别开生面的景点让我惊喜不断：灿烂瑰丽的郁金香巧妙地排列成五彩缤纷的加拿大国旗图案，美不胜收；一个花坛用贴地生长的三色堇给高挑的郁金香铺上背景。三色堇不畏风霜雨雪，终年开花，黄、蓝、紫各色蝴蝶似的花朵，是花园中添色补白的好材料，其花语是“思念爱情”。郁金香的花语则是“不忘爱情”。婀娜多姿的三色堇与矜持高贵的郁金香的交相映衬，展现了充满活力的春天的气息。难怪有那么多不同肤色的情侣在花丛中拥抱、热吻、拍照留影；里多运河两岸则成了花的堤岸——那令人心醉的色彩和火焰般的光泽蜿蜒数里；河上，处处拱桥，处处花船，兼之碧波花影，帆影点点，宛若仙境。

置身在花海之中，看不完的花团锦簇，数不清一个又一个展姿露容的花容月貌，方知渥太华为何被世界誉为“郁金香之都”。然后，最最让我惊喜的却不是令人流连忘返的花展，也不是利用郁金香设计发型和服装及帽子的时装秀、也不是来自法国尼斯以郁金香作为设计图案创作的绘画，而是一张介绍郁金香的说明书中的一段文字：“其实荷兰不是郁金香的原产地。通常人们认为郁金香来自土耳其，又有人讲，有些品种是来自中国的天山地带。据中国的花卉专家称：

在对中国的生物资源调查过程中，已先后在青藏高原，新疆天山南北和秦岭等地发现了20几个品种郁金香。这在其他国家尚属少见。这充分说明，中国是郁金香的故乡。郁金香又是如何传入欧洲的呢？两种说法，一是，中世纪'十字军'东征时，曾到过中国的西北地区，带走了郁金香。二是，通过丝绸之路传入土耳其，再传入荷兰和欧洲。"

这一意外发现使我惊喜万分！我喜爱花卉，尤其钟情郁金香。我曾去南汇参观郁金香花展，但一直以为此花是舶来品。如今，当我获悉郁金香并非是洋花，而天山是其发源地后，我眼前的花海渐渐幻化成白雪皑皑的天山。

天山的雪啊，不但孕育了在风雪中怒放的雪莲，还孕育了横跨亚欧大陆，穿越大西洋的郁金香！

他们不仅仅是浪漫……

女儿居住的小区，四车宽的主干道呈园弧状舒展成一个 6 字形；两侧各分出 4 股 c 形或 s 形的双车道，四百多幢 2 层别墅，生活服务区、儿童乐园……疏密有致地分布在大小干道的周围。

道路两旁是中间有小径的宽阔草坪。每家与草坪相连的前园、路边的花圃、花坛都盛开着贝母花、绣球花、风信子……小径的上空被枫树、橡树的浓荫覆盖。每天在夕阳染红的树荫下散步，对我来说既健身又是一种享受。

小区安谧幽静，散步时却不时听到各种各样的声响：刈草机的哒哒声、金属的敲打声、电刨的尖叫声……响声都发自车门洞开的车库。多数人家的车停在车库外的家用车道上，车库则成了家用工场——有人拿着螺丝刀安装铁器花架，有人正用电锯锯木板，有的全家上阵，用水泥或地砖翻新家用车道……这种情景天天目不暇接，不是东家忙得不亦乐乎，就是西家乐此不疲。还有，他们干活所使用的工具之多令我瞠目。家家的单车库或双车库，三面的墙壁都安装着厚不盈尺，高过 2 米的多层木架，上面放着少则几十件，多则上百件的工具。有的甚至添置了小的机械设备，如台式钻床、木板刨床。干活的人，随时可以得心应手地调换所需的工具。

我由此解开了两年前的谜团。

第一次到多伦多，逛街时偶然走进一家五金大卖场，商场比两个足球场还要大。上千只货架上，从最小的螺丝到木料、大理石、各种工具，甚至连围隔花园形状各异的栅栏，铺设庭园甬道或屋外便道的花纹众多的砖块……五花八门，看得我眼花缭乱。前来购物的顾客，男女老少，涌进涌出。他们不像是企业的采购人员。我疑惑不解，这儿销售的产品，既不是美食也不是工艺品，何以得到市民如此青睐？

如今我恍然大悟，既然人人热衷于自己动手建设自己的小家庭，当然要购买必备的工具。五金超市能不顾客盈门。

这些北美人，干吗下班以后不好好休息，拿着工具劳顿不停？我抱着疑惑和好奇心，散步时更加喜爱东看看西瞧瞧，我渐渐发现，这些家庭劳作完全是生活情趣使然，以致劳作时充满着诗情画意：一家屋主，把几块上百斤重的乱石叠聚在草坪上，看似不经意却慧心独到，然后充满野趣地在一块石头上凿刻自家的门牌号码；还有一家屋主，把便携式收录机放在汽车的车头，在黄昏斜阳下一边听音乐一边给车库的门重刷油漆，那份悠闲，那份潇洒，似乎是在赋诗作画……这种西方人特有的风俗使我明白，他们把收拾院子，布置屋宇，当成嗜好与荣耀。是亨受独处生活情趣的一种方式。

邻居麦菲小姐正是这样一个人。

这次抵达密西沙加的翌日，我正在前园的山楂树下晨练，看到从隔壁的车库里开出一辆奔驰车，驾车的是一位载着眼镜，涂着口红，既性感又漂亮，四十左右的女郎。女儿告诉我，她叫麦菲，是出去度假。

两家的后园隔着道不高的栅栏；一个周末的上午，我去后园除草，刚走出客厅，一眼看到戴着墨镜，穿着泳装的麦菲正躺在长靠椅上晒太阳。我正欲转身迴避，她挥手与我招呼，我却不敢正眼瞧她。打这以后，凡是周末或是节假日的上午，只要麦菲在后园晒日光浴，我决不越雷池而走出客厅。使我感到惊异的是，平时的傍晚，浪漫的麦菲却操劳不停，总是穿着短袖汗衫、短裤、载着手套或是推着刈草机刈草，或是拿着长柄剪修枝裁叶……反正经常见她忙进忙出，不是擦玻璃窗就是洗刷车子。十月的一个夜晚，我与友人去亚历山大皇家剧院观看音乐剧

“歌剧院的幽灵”。中途休息时，我正在大厅欣赏伦敦和百老汇在此上演优秀剧目的剧照，无意间看到麦菲正在与人轻声细语地交谈。她穿着一袭长裙曳地的晚礼服，仪态大方……散场后，我与友人吃完宵夜才回家。快到家门口，看到麦菲家的前园有一个黑影，走近一看，已卸妆换上休闲服的麦菲，正拖着橡皮管在喷洒草坪。我不胜感慨，仅仅一小时前，她显得多么高贵典雅，而此刻，无异于一个劳动大姐。

俗话说：法国人讲究穿着，意大利人讲究食物，英国人善于布置他们的家。英裔麦菲小姐的家，窗明几净，地毯、墙纸、窗帘的颜色都搭配得很优雅；一件小摆设，几幅古典的复制品，都经过她精心的摆置。复活节之夜，麦菲盛情招待我家吃火鸡。在她的客厅里，挂着一帧 24 寸的彩色照片。这是一百多人的团体合影，居中的是身着西服的麦菲。一问方知，她是 TSL 通讯公司的总裁。我万万没有想到，她虽然重任在肩，回到家却还是那么勤快，把家室布置得整洁优雅，把前园后庭拾掇得春意盎然。

年青时，受外国小说和外国电影的影响，一直以为西方人浪漫、风雅。如今耳闻目濡，方知他们不仅浪漫、风雅，而且还非常勤劳！

花园洋房的烦恼

小区里家家户户的前院后院都长着绿油油的草坪，盛开着各种艳丽的鲜花：嫩黄粉白的洋水仙、婀娜多姿的三色堇、矜持高贵的郁金香、灿烂瑰丽的芍药……从2楼各个窗口环顾四周，幢幢别墅都被馥郁的浓荫覆盖。沿着小区的小径散步，像地毯似的草坪东一块西一块目不暇接；杏树的花瓣、山楂树的花苞、樱桃树的花芯相继绽放；用以铺地的草本蕨类，开满了深红、浅紫、嫩黄、粉白的小花。缠绕在栅栏或树杆上的蔓藤，杂生在绿茵中的蒲公英也争相开花，草花树花，名花杂花，争奇斗艳，相互映衬。花团锦簇中有清雅，热情奔放中有高贵，然而，在这浑然天成的锦绣绫罗之中却有着逗人情意的野趣：海鸟昂目阔步于草地上，云雀掠过屋脊翻飞、知更鸟唱着歌拍翅舞蹈，反舌鸟在树隙跳跃、松鼠在树杆和枝椏间窜跳、野兔从栅栏或草丛中探头朝外窥视……

小区满眼绿色，家院繁花似锦，空气里飘浮着沁人肺腑的花香，耳边清晰宛转的鸟啼此起彼落，每一幢小楼是名副其实的花园洋房。居住其中，享人以绝色而如入仙境。

然而，要获得这样美好的环境，绝非能坐享其成。事实上不知要花费多少心血、汗水、心思和金钱去拈花惹草。即便如此，还有永远无法弥补的缺憾和美中不足。

如茵的绿草绝不会自生自长。关键是要勤于清理。每年春季或秋季务必要补充一次好的草种。当日光充足，雨水又丰沛时，草坪生长很快，通常一周割一次草。天乾物燥时，草生长较慢，可十天至一周割一次草。经常割草可以保持草坪整齐美丽，也使草茎基部接触较多阳光，植株会更健康。草坪长得又密又整齐，杂草不易见缝插针，否则，只需接连几个雨天，杂草会冒得又多又密。如果说拿着皮管前院后院浇水还算轻活，那么推着割草机割草，拿扫耙清扫草屑并打包，再加上清除杂草，可谓重活累活。

每年 5 月中旬以后，所有一年生花草都可以种植了，家家户户也就特别忙碌。从花店买回花种后，挑选清早或傍晚，或是阴天栽种，以免一种下去就被太阳的强光将幼株晒死。播种之前要松土或覆上新土，东挖西垦，劳神费力。之后，浇水要考虑湿度，施肥要得当；为了防止病虫害，还得经常喷洒杀虫剂。尽管忙得不亦乐乎，还是防不胜防，有时野兔把成片毛茸茸的草坪啃成秃斑似的，即使主人又气又急，还得赶紧去把草皮买来补上。

枝繁叶茂当然会绿意盎然，满庭芬芳，可是，生长过量，过于茂盛，会破坏原有的庭院美景。于是必须把过密、过高或衰弱之枝剪除。修叶整枝既可应景一蹴而就，也有慢功出细活，把灌木或绿叶乔木修剪成一堵矮墙或园球或锥塔或是动物的形状，形形色色，妙趣横生。

晚秋，几乎隔天就得打扫随风飘落的枯枝残叶。如果疏于打扫，零乱的垃圾被风吹得满街狼籍，无疑会影响整体的环境美，邻居不但有意见，政府的职能部门也会以有碍观瞻的名义课以罚款。

莳弄花花草草成了辛勤的园丁，这还不够，还得成为一个抡锤弄锯的能工巧匠，方可频频修葺院子里的栅栏、花棚、吊架、遮阳棚……

一分汗水一分收获。美好的环境全仗不懈余力的耕耘。如果把美丽的庭院比作丰收的果实，那么耕耘者未必能够分享到全部的成果。

入夏，北美的气温不会高于 30 度。乾爽宜人的气候，花香蝶影鸟语虫鸣夕阳凉风月光……身处这样的氛围如受魅惑，岂能安身于室。可是，小区里400多家的花院里，人夜后不见一个人影。尽管院子里有靠椅、躺椅、千秋、儿童滑梯、地灯……但人们因惧怕蚊子和小虫的叮咬望而怯步。不仅仅如此，即使在白天，门窗虽可打开，但纱窗纱门还得严阵以待。如果进出院子放松警惕虚掩纱门，蚊蝇、飞虫、老鼠……乘虚而入，待机作乱，或留下鼠患，谁受得了。

多伦多大学

美的环境给人希望，给人喜气，给人多姿多彩的生活。然而却不能恣意享用，个中辛劳与不尽意的烦恼一言难尽。

五子登科

第二次去北美探亲的老人，当左邻右舍夸他们老来有福，能常去国外享受生活时，不少老人的心里明白，此番远行不是去游山玩水，而是照顾儿孙。

在北美，许多华人新移民都面临同样的问题：年幼的孩子怎么带？初来乍到，为求生存东奔西走；成了打工族，忙忙碌碌，工作、生活的压力已经压得人喘不过气来，而孩子的抚养却成了一大难题，欲用保姆，薪酬不菲，自己的收入有限。最好的办法是交给父母，既放心又省钱。若送子回国，又舍不得“骨肉分离”，于是就邀请父母前来探亲，或办理绿卡，进而申请入籍。漂洋过海与小辈团聚，又可领略异国风情，何乐不为。开初，儿女携老带幼驾车外游，或去繁华地段逛街观赏……开过眼界，尝过美味，老人自然而然地进入了角色——奶奶不但打扫整理屋子，还要烧饭做菜；爷爷不但看管孙儿，还要陪着逗着玩耍。奶奶解开围兜喂孙儿吃饭，小孩贪玩不吃，即使饿着也要先喂饱小祖宗；爷爷收拾完散乱一地的玩具便去前花园修枝除草……傍晚，虽劳累了一天却是老人最开心的时候，老少三代围着桌子吃晚饭，其乐融融。天天如此，尽享天伦之乐！

这在国内也是普遍的现象。孩童是父母的心头肉，掌中宝；上学了，更是倍加关爱。由少年到青年，操心的事没完没了，考大学，找工作，成家……年逾花甲或古稀，可享清福了，不，还得照顾孩子的孩子。心甘情愿为晚辈忙碌一生，这种情况从古至今代代相传。

身处异国他乡的老人，再苦再累，虽乐在其中，却有一种无法排遣的孤独感。电视有几十个频道，节目精彩纷呈，却听不懂所言所语，成了聋子；纵然有免费送上门的画册报刊，不识英文成了瞎子；左邻右舍既热情又有礼貌，却无法攀谈交流，成了哑子；虽然已认识了几个华人的老年朋友，因不会开车而无法串门或去老年活动中心，成了瘸子；整天与锅碗瓢盆周旋，服侍稚臭未干的孩童，无异于一个“老妈子”。于是有人把中国老人在北美的境遇戏称为“五子登科”。

儿女何尝不知父母的孤寂，但甘蔗没有两头甜。为了积极地规划自己的人生，他们也有了自己的“五子登科”——有了车子还要买房子，为了孩子要挣更多的银子，要省下每一个铜板就从国内请来了“老妈子”。

为子女排忧解难，长辈责无旁贷。作为子女享有父母无微不至的呵护和关爱也都心安理得。这也是中国文化传统的一部分。然而，西方的价值观却颠复了中国老人的传统观念。

每一个社区都有儿童活动中心。室内有小型图书馆、课桌、轨道转盘游艺机……室外有水池、沙堆、溜冰场、小型蓝球架……各族裔的孩童融成一片，三五成群地玩着各种游戏；至于家长，洋人全是年轻的妈妈，华人则是借此“带孩交友”上了年纪的老人。他们，聊天解闷，交流国内的各种信息。其中一位邢老师，原先是国内一所大学的英语教授，她常常与那些洋人交谈几句。彼此熟悉后，一个叫贝蒂的少妇悄悄地问，一个月女儿付给多少工资？得知中国父母为子女做事从来不计报酬，这位少妇不胜惊讶：“这太不公平了，儿女怎么可以这样对待老人！”邢老师不解地问她为何有这种想法，她不假思索地说：“在北美，父母即使临时帮着照看孙辈，也要收取比市场价还要高的报酬。”邢老师十分惊讶，“这岂不是金钱第一，还谈什么骨肉亲情。”贝蒂说：“父母养育子女不容易，子女不该让父母挑起对第三代的养育之责。”邢老师说为后代作牺牲是中国的传统美德。她却说，

“一代对一代负责，这是我们做人的准则。”最后她既调侃又不胜羡慕地说，“当然，我希望也有中国父母。”

贝蒂原先在一家软件公司担承主管，是一个典型的高级白领。两年前她毅然辞去报酬丰厚的工作，用她的话说，选择了另一份对她更有意义的工作——照顾自己刚出生的女儿。对她的决择，邢老师和几位中国老人都无法理解，而贝蒂自有她的思考。为了培养一个完美的孩子，最好的方式就是在孩子幼年时始终和他在一起，要把全部的精力都花在小天使的身上。时时刻刻要用自己的行动影响幼小的心灵。对这一论点，华人的爷爷奶奶既有所认同也不能全部苟同，不过，所有“年轻妈妈”的行为也引发了他们的深思：她们从未袖手旁观，而是像义工一样帮着揩擦门窗、打扫场地、整理玩具……小孩们三三二二玩得天翻地覆，她们决不会干预；若小孩离群独自玩耍，母亲必定想方设法引导他参与集体活动；若小孩沉默寡言，母亲就会在孩子间穿针引线，使他们在互动上有更多的交流……

为什么“年轻妈妈”个个如此？贝蒂明确表示：用行为来影响孩子是每一个母亲的责任。做母亲与做公司主管一样，都是耗费巨大精力的事业。

贝蒂的观点无疑代表了“年轻妈妈”们的育儿法则，对此，“老妈子”们却产生了意见分歧：一部分人认为，洋妈妈爱子心切，为了孩子的成长不惜一切代价！包括放弃自己的大好前程。另一种观点指出，“年轻妈妈”过于追求完美，把自己的意志强加于孩子身上，违背孩子的天性，是典型的拔苗助长。

孰是孰非，“老妈子”们争论不休……

误入“黑窝”

一个初夏的傍晚，我去安大略湖畔散步。没走都远，阵阵沁人心脾的芬芳诱发了我寻踪探源的情致。四周不见花影，却又不甘心舍弃那种迷人的香味，便绕过松树林，踩着满径都是掉落的松果，信步渐行。小道尽头，一幢三层小楼前院的美景扑入眼帘：翠叶丛枝，花朵竞相怒放，如霜似雪，幽馥香远。非洲栀子花！与国内栀子花相比，花形略小，花瓣不是六裂而是五瓣丛聚，虽不及国内栀子花华贵，却有一种小家碧玉之美。此花需要充份的阳光又忌日照过猛。院子四角高耸的枫树，浓密的树荫犹如遮阳的花棚。无疑，这是精心布局。院子里男女两个黑人边聊天边浇水，是主人还是花匠？相邻的一个庭院，一片嫣红的灿烂把我深深吸引。“九重葛”：密密麻麻的枝蔓左右旋转缠绕打结并见锐刺；枝头绽放的花朵，有紫蓝、朱红、粉白、橙黄……由此组成的半人高的花篱，把美姿美色送给邻居和路人。这一创意是正在剪枝的黑人的杰作？

对私家庭园花卉的种植和布局我颇感兴趣。在院子里种种花，剪剪草，或者用石头摆弄出一个造型……纷呈的户外活动比起呆在屋内看电视，显然更加丰富多彩。

这两个庭院的后面，是透着浓浓沁人绿意的马路。沿途，幢幢小楼的前庭后院有着耀眼的黄、诱人的橘、以及那嫣然醉人的红……我怦然心动，观赏他人的庭园，可以得到为己所用的灵感。

庭园设计贵在“匠心”两字。一家前院，有两棵形状颇异的老树，高的树干满布青苔，一望便知是岁月留下的痕迹；矮的虬枝苍劲，奇特的造型无疑经过长期的人工培植，看后使人产生美感和遐想。一个肥胖的黑人妇女正在两棵树的根部摆着一圈黄色的盆花，是为了向长者表示敬意！？外型美观的桦树下有一个喷泉；开满灿烂小花的山楂树的一侧有铺满碎石的小径；满地草坪中唯独一枝气质不凡的紫荆，院子的一角，一个中年黑人男子正在安装一面镜子，见我驻足，便友好地与我打招呼，还示意我从侧面观赏，嘿，又一株紫荆在镜子里展姿露容，虚实叠影，增美益辉。不一会，几个小孩从屋里窜了出来，他们打闹嬉戏，在草坪上翻滚，个个黑不溜秋却活泼可爱，显然，这个黑人家庭其乐融融。蓦然间，一个念头在脑际闪过，一路上碰到的怎么都是黑人？我惊疑地四下张望，对面从车库里走出来的，迎面而来的，在树下采果子的，尽是一张张黑人的脸孔。天哪，这是黑人住宅区！我的心顿时抽紧了。

刚到加拿大，朋友告诫我，黑人犯罪率高，吸毒、抢劫、强奸……尽干坏事。有一次路过一个居住区，他急忙拉我绕道而行，还嘀咕：“黑窝，虎狼之穴。”后来，不时从媒体上读到有关黑人聚众斗殴及凶杀的报道，越发加深了我对黑人的偏见。

一想到朋友的警告，不由一阵紧张。平日唯恐避之不及，如今却误入黑窝。我惶恐中拔脚就走。慌不择路，我呆在四叉路口不知何去何从？这时，一辆从我身傍驰过的轿车没开多远，嘎然停住，紧接着开倒车停在我面前，一个又粗又壮的黑汉探首车窗外，有礼貌地问我需不需要帮助？望着他的光头，肩膀上的骷髅刺青，我警觉地回拒并仓促离去。没走多远，我看到十几个黑人小孩正在喧嚣笑闹，尽情玩耍：荡秋千，滑扶梯，骑木马……儿童乐园周围，爸爸妈妈，哥哥姐姐或谈笑风生，或悠然憩息……如此轻松欢快的景象虽冲淡了我的恐惧心理，但还是想尽快离去。隐隐约约的琴声使我放慢了脚步，多么熟悉的旋律，噢，《水边的阿狄丽娜》钢琴曲！透过纱窗，约略窥见一个黑人女子正在弹奏。从她指尖敲击琴键而流淌出的爱和浪漫的琴音,渐渐驱散了一度令我恐惧的骇怕。当我转身欲走,两颗郁郁葱葱的芒果树映入眼帘。呀,多美,一片片浓绿的叶子青翠欲滴,一只只卵状椭园形的红皮芒果纺垂似的吊挂着……优雅的旋律,别样的庭院,张显着勃勃生机和活力。我被陶醉了。"哈罗",亲切的呼叫把我从痴迷中惊醒。正欲回应,心却猛地一颤。从屋内走进院子的正是刚才相遇的那个司机,手上还拿着一把剪刀。我戒备地后退,他利索地剪下两只芒果,不管我的婉拒,硬是塞给了我,还满怀深情地说:"我看出来你是中国人。你们有一个梦,我们也有一个梦!"从他那黑得油亮的脸上堆满着真诚和友好的笑容里,我感觉到他对中国日见强大的由衷赞叹;也感觉到他对高端品质生活的美好憧憬。我绷紧的心弦松驰了下来。

与他作别后,我边尽情欣赏芳草菲菲的庭院,边慢慢步出"黑窝"。我想起了马丁·路德·金的著名演说《我有一个梦》:"那里黑人小男孩、小女孩,可以和白人小男孩、小女孩像兄弟姊妹一样手牵手并肩而行。"如今,后人还在延续他的梦……

加美大停电

8 月 13 日下午，我正在后花园刈草，刈草机突然仃止转动。正欲扦查电源，却发现家里已停电。片刻后，女儿回来了，她说，加拿大的安大略省和美国的纽约州、俄亥俄州、密歇根州都断电了！地铁，轻轨全停了；超市、商店已停业……一时半刻不会来电。

乍闻之下我惊愕良久。怎么会跨国界停电？这是北美啊！急于想了解更多的情况，没有电，电视机、电脑、电话、手机全都成了摆设。幸好有一台便携式收录机，但任凭转动调钮，所有的电台都停播了。越是渺无消息，越是疑虑加重，难道是又一次恐怖袭击？

该吃晚饭了，所幸有面包和罐头可以充饥。吃罢，女儿尝试着再次打开收录机，一家全天候英文电台已紧急启动备用发电机，正在播放安大略省省长的讲话，他说美国的尼亚加拉电厂遭雷击，电网崩毁……

虽不是恐怖袭击，但事态严重！

北美的夏日昼长夜短。晚上 9 点，天还透亮。小区里，家家户户倾巢而出：有的围成一圈在议论，有的在前花园拉着橡皮管朝草坪喷水，有的打开小车的收音机在听跟踪报导：有人困在地铁的车厢或大楼的电梯中……飞机因地面指挥系统的失灵而不能下降……

紧接着又播报最新消息：省长宣布安大略省进入紧急状态！天哪，从美国的东部到加拿大的安大略省，从纽约到多伦多，飞机、火车已经停驶；银行、商场、购物中心已经停市……

不一会，市长拉士曼又在广播中呼吁市民，节约用水。水厂只有一天的贮水量，大家不要洗车、浇花和冲凉……

霎那间，所有浇洒草坪的水笼头都关上了。缺电缺水，百业停顿呀！刚刚消失的疑虑又在心里翻腾起来，刚刚平静的心又猛烈地跳动起来。人人茫然不知所措

停电后的城市将如何度过漫漫长夜？从家里到市中心不过半小时，我徒步走出小区。沿路，所有的加油站的加油器已丧失了功能；所有的红绿灯已紧闭双眼。以往，路上很少见到行人，今日却络绎不绝。其中有许多手拎高跟鞋的女士。平日上班10分钟的车程，穿高跟鞋步行得花1小时左右，况且腰和脚底板吃不消，无奈，只得卖双拖鞋穿着回家。

市中心广场和安省最大的商品街已不见昔日的繁华。然而从办公楼、从酒店、从各个方向来的人越聚越多。有的因路程远小车又没有油而不能回家；有的因酒店开门的磁卡失灵而有房不能住。他们滞留在此打算露宿街头。树荫下、长靠椅上、大大小小的草坪上躺着金发、银发、棕发的男男女女……

夜色沉沉，黑暗无边，所有的高楼，所有的建筑物，所有的电线杆都被黑暗吞噬。我第一次感到没有光亮的夜晚黑得令人可怕；第一次感到没有灯光的都市犹如一座死城！毋需目睹，毋需置疑，此时此刻，拥有众多繁华城市的北美，已丧失活力，一片沉寂。世界最发达地区之一的北美，气息奄奄，濒临瘫痪！

我深感震惊，全球自动化、电气化、高新技术、电脑网络最现代化最先进的地区，居然如此脆弱，不堪一击！

马路上空荡荡的，行人谁也看不清谁的脸。我摸黑行走。走着走着，我止不住想起年青时在农村夜行，指引我的微茫的村灯渔火。然而，夜夜霓红灯闪烁的都市，连疏落零星的灯光也不见一丁半点。这不成了"第三世界"！

熬过没有电的长夜，北美的众多城市相继恢复了供电。然而因电力不足，拖了一星期才宣布结束紧急状态。与此同时，在各类媒体上，加美两国的某些政要相互指责，抱怨邻国出了技术故障或是超负荷用电是酿成断电的主因……等到双方成立了联合调查组，官方、专家、民众从纷争中逐渐形成共识，不管是什么原因引发这次事故，过量耗电将是大电网的可怕杀手。于是通过媒体呼吁市民要节约用电。

北美是世界上电力最富裕，也是最依赖电而存在的发达地区。然而他们对电的使用太奢侈、太挥霍、太无节制。每一度电仅仅4分5(加币)。家家有了四灶电炉，还用电烤箱和洗碗机；有了洗衣机还用烘干机……他们已习惯毫无节制地使用电源，以致习惯到从未思索过没有电将会产生的严重后果。然而恰恰是他们一边在放纵用电一边在向全世界呼吁要节约能源。

节约用电确实应该提倡，但绝不是根除断电的灵丹妙药。据消息灵通人士透露，美加政府和能源业无法排除一名电脑黑客的侵袭，从而让北美五千万人再次陷入黑暗的可能性。

这绝不是耸人听闻。现代化造福了人类，现代化也必将创造美好的未来。但电力主宰着现代社会。加美大停电，何尝不是给全球现代化都市化敲响了警钟！

没有灯光的灯光

8月13日下午4点左右，加美突然停电。顿时，拥有5 000万人口的北美陷入了瘫痪！从世界经济中心纽约到有世界最长街道的多伦多，火车、地铁、轻轨停驶；加油站的加油器形同虚设、水厂的泵站不能运转、提款机失效、信用卡无用……有人困在地铁的车厢或大楼的电梯中，飞机因地面指挥系统的失灵而不能下降；没有电，世界上最发达的地区已奄奄一息，濒临崩毁！

但是大家没有惊慌，更没有恐惧，当得知虽进入紧急状态但并未遭到恐怖袭击后，尽管他们不知道何时会恢复供电，尽管当天是北美入夏以来最热的一天(摄氏32度)。他们表现出惊人的坦然和镇定。

我居住的小区外是生活服务区。平时，从早到晚停车场总是停着上百辆小车，今晚却寥寥无几。往日，超市门口人进人出，几家餐馆和麦当劳座无虚席，今晚却门可罗雀。唯有卖汉堡包、比萨饼的吃食店和便利店的门口都排着长队。电池、手电筒、蜡烛、打火机、面包和熟食都成了抢手货。排队的人个个神情泰然，不急不燥。点着烛光的店堂却空荡荡的，顾客是出来一个再进去一个，秩序井然，悄然无声。这时我透过玻璃橱窗看到了令我意想不到的一幕：一位头裹花色长丝巾，身着同样花色长裤和长套裙的印度裔女士，拿出一张磁卡交给营业员，营业员指指收款机，把磁卡退给了她。我虽然听不到女士所说的话，但我明白她的意思：我没有现金。营业员略一迟疑，旋即把她已选购好的物品放进马夹袋送到她面前。女士望着营业员投向她的信任目光，感激地向他表示，一定会把钱给他送来……

已是傍晚，夕阳西下，天色逐渐昏暗。马路上，红绿灯虽双目失明，但络绎不绝的车辆在照常行驶。在许多主干道的四叉路口，有警察和志愿者用手电筒在指挥交通。我两次来加拿大，到过好几个城市，从未看到在任何一条路上有警察指挥交通。今晚却是例外。尤其是那些志愿者，完全是自觉自愿来担当“临时义警”。所有开车的人都把竖起大姆指的手伸出车窗，向他们表示敬意。路上的行人，无不高举双手向他们鼓掌或送去飞吻。还有咖啡店的老板，给他们送去了咖啡和面包。其实，他们的脚下已经放着五六瓶饮料……

令我惊讶不已的是，有些路口没有警察和“临时义警”来指挥交通，但车辆的穿越和转弯，居然就像有人在指挥那样循规蹈矩：没有一辆车抢道或突然变道，没有一辆车不保持车距而超速夺路，没有谁争先恐后，没有谁一股劲按喇叭，而是按照行车交汇处的规则，有序地礼让先后……

真是不可思议，在灾变面前，人人没有因失去束缚而放任自流。人人自律、人人自觉，车流能不顺畅！

因路远不能回家，到市中心广场来餐风饮露的人越来越多。夜色降临，没有华光四射的照明灯，没有灿烂夺目的霓虹灯，所有的景物，所有雄伟的建筑，都成了黑糊糊的一片。蓦然间，草坪上亮起一只烛光，接着东一只西一只的烛光相继亮起；同时，在不同方位，手电筒些微的光束也先后放亮，晃动。还有，无数的烟头的红光在闪闪灭灭……不远处的停车场，有人打开了汽车的音响，播放悦耳动听的乐曲，来缓解大家的疲劳和担忧。

天已黑透，夜空的星星和月亮格外明亮。我在月光下行走，我在烛光中踯躅。突然，我看到一小块莹光在闪烁。这不是烛光，更不会是手电筒的光束，这是我熟悉的屏幕！谁在这样的夜晚使用手提电脑，是在玩电子游戏打发时间？我循着光走近，没想到居然是一名记者。他从汽车里拆下电瓶给电脑供电，然后从现场给通讯社发稿……多么敬业，多么积极主动，这种尽职尽心的职业精神令我肃然起敬。

……

在北美经历的停电之夜令我不能忘怀。我原以为没有灯光的夜晚，必定怨声载道，社会秩序混乱，却不料伸手不见五指的夜晚，有那么多的烛光同时在风中摇曳，有那么多幽幽的烛光把夜色装扮得如此美丽，有那么多烛光在黑暗中给受灾的人们带来意想不到的温馨和无比宁静！

海洋中的金丝雀

游轮进入了圣劳伦斯海湾。这是一个宽广而几乎被陆地包围的水域。海面上漂浮着像小丘、像礁石、像零星银块的浮冰。低空飞翔的海鸥，一次又一次地冲入海面，若捕获一只海蚌，就把它叨到高崖的岩石上，然后再次俯冲……四散漂浮的大大小小的冰块上，有匍匐的海豹，有直立着的海狮。海豹全身白色，圆滚滚的体形如纺锤，"锤尖"上小圆球似的脑袋高昂着，大而圆的眼睛形似黑豆，那壮硕而憨态可掬的形态甚是可爱；海狮不但可以在水中遨游，还可以在冰块或陆上灵活行走；吼声如狮，有的颈部长有鬃毛，颇像狮子，被称之"海中狮王"。

清澈的海水异常透明，潜入水中的海豹、海狮如云一般浮游天际，忽而轻飘飘地，晃晃悠悠地下沉，再下沉；忽而围着漂动的浮冰打转，一圈、两圈、三圈；多姿多彩的鱼群时而皆若空游，时而起落回旋……无尽的碧空中，各种海鸟时而遮天蔽日，时而四散纷飞……这种在任何大海不复多见的、充满活力、满眼野趣的海景，诱使游客倾心观望，赞叹不已。然而，不论海景有多美，人们并不满足！这是一次观鲸之旅，若不能遂愿，岂不陡劳此行。

圣劳伦斯海湾盛产鲸鱼最喜爱吃的鱼虾，拥有适合鲸鱼产卵的温度，每年 7 月，成群的白鲸从北极地区出发，浩浩荡荡地前来觅食和繁衍后代。

游轮已然返航，但游客观鲸的渴望始终不泯。远处，传来隐隐约约的吼叫声，平静的海面开始波动，不时露出的点点白色，忽而变大、忽而缩小或消失。浮冰怎能升降？声音越来越响，越来越近，像是汽船的鸣叫声。不一会，那么多浮现的白色物体越来越清晰，人们惊呼起来，白鲸！

三五成群相继出现的白鲸，体型远没有想像中那般庞大，全身呈粉白色，看上去洁白无瑕。它们一会穿梭于浮冰与涡流之中，一会沉浮在波峰浪谷之间，偶尔会将身体半露出水面；偶尔翘起硕大的尾叶拍打颠簸的海浪……它们时刻变化的英姿给人层出不穷的惊喜和随之而来的欢愉。令人颇感意外的是，白鲸“嗓门”很大，声音变化多端。

1535年，法国探险家雅克·卡提尔的船队在圣劳伦斯河口受到白鲸载歌载舞的迎候。白鲸的歌声悠扬动听，响彻百里以外，令船员惊叹不已，便赞美白鲸为“海洋中的金丝雀”。

白鲸确实能发出几百种声音：牛的哞哞声、猪的呼噜声、马的嘶声、女人的尖叫声、病人的呻吟声、婴孩哭泣声、铰链声、铃声、汽船声……它们不停地“歌唱”，实际上是在自娱自乐，同时也是同伴之间的一种交流，能够亲耳聆听白鲸的歌喉，是一种难得的享受。

游轮向河口驶去，成群的白鲸由清晰变得模糊；抑扬顿挫的“歌声”也渐渐消失。在蓝盈盈的海水中，又见各种鱼类成群漫游，突然，一个白色的物体在荡漾的碧波中若隐若现。啊，是一条离群独行的白鲸！它翩然游近游轮，调皮地探头露出尊容——头部较小，额头向外隆起突出且圆滑，嘴喙很短，唇线却很宽阔，那模样乖巧可人极了。它还给人们带来意外的惊喜——发出了令人捉摸不透的婉转悦耳的啼鸣！歌为心声，是友好示意？是热情相送？游客纷纷用相机拍下这一饶有情趣的珍贵镜头。

旧货拍卖成风景

在加拿大和美国，家家户户都乐意拿出旧货自行拍买。每逢周末，即使在隆冬，只要太阳带来暖意，不少人家的车库外，一些公寓大门一侧的走道上，许多小区进出口的人行道旁，一个个乡间小镇的闹市口，都会在桌上地下摆满各种物品，从儿童玩具、瓷器珠宝、健身用品到锅碗瓢盆、衣物鞋帽、五金家电和农具机械等，林林种种，应有尽有。为了省钱捡便宜，前来光顾的人陆续不绝。其中不乏俊男靓女。

因在车库外设摊，就叫“车库拍卖”；邻居联合在小区人行道或小镇上共同拍卖，虽形式有异但性质相同，也统称“车库拍卖”。

我万万没有想到西方人竟然乐于淘旧货?！事实正是如此。别看他们浪漫潇洒，家居布置富丽堂皇，高雅大方，其实他们非常讲究实惠。如一台铲雪机，欲买新的价值不菲，连税要 200 多元。一户人家要搬迁到另一个城市，搬运不便，弃之可惜，不如低价出售。八成新花 40 元就可以到手，需要的人何乐而不为。物尽其用，互惠互利，难怪“车库拍卖”长盛不衰。

从“车库拍卖”中也可以领略到加美两国的民风民俗。北美爱赶时尚的年轻人还有点人来疯。每逢季节性大减价，购物的狂热致使他们抢购许多时髦的衣服或物品……等到下一次季节性大减价，奈何家中物满为患，旧的不去新的不来，干脆翻箱倒柜来个“车库拍卖”。那些不跟风追求时尚流行的人，仅花几元钱就能买到一件原价

100 元的新服饰，当然愿意淘便宜货。

花小钱买到全新或半新不旧的物品，能省下不少的开销，可见西方人居家过日子还是崇尚节俭。然而，跻身车库拍卖的人形形色色，有的不光是为了省钱，也是为了觅宝碰运气。

1989 年，一个男子用 4 美元购得一幅古老破损的油画，他是中意画框才低价买进。拆开画框，意外发现藏在夹层的一张美国独立宣言文本。经专家鉴定，证实为美国独立宣言最早的原版本之一。现仅存 25 份中只有 4 份被私人收藏。不久，这一份文本被苏富比拍卖行以 242 万美元价格卖出。更惊人的是，此文本于 2000 年在苏比富网上拍卖时，创下了 814 万美元的拍卖纪录。

近几年，来自中国的移民也频频涉足。开初，在国内已享受中产阶级生活的白领，对旧货市场不屑一顾。但长期耳闻目濡，自然而然地入乡随俗，仿效洋人淘旧货并大有斩获。有的花 500 元买了一架原值 4 000 元的钢琴，有的用原价十分之一的钱买到了割草机，有的花 3 元为儿子买了溜冰鞋……

至于那些海归派，也仿照这套“洋玩意儿”，呼朋唤友，相约联营，把不能带走的家庭用品和杂物倾巢上市，来个“回国大拍卖”。结果卖品所乘无几，资金有所回笼，不亦乐乎。

这种在城乡随处可见的购销两旺的车库拍卖，构成一道色彩缤纷的生活风景线，也是加美两国特有的一种消费文化。甘愿当摊主不讲虚荣，乐意淘旧货不摆派头；不能不说也是西方社会的一种淳朴的民风。这种被视为周末最佳娱乐消遣之一的举动还有利于物尽其用，减少垃圾，对环境保护起到了意想不到的作用。

退货没商量

简直不可思议，在蒙特利尔卖的衣服，到了多伦多竟然可以退货！这并非道听途说，恰恰是实有其事。

因商务洽谈，儿子天风从上海去蒙特利尔时只带了两套西装。签约后，主人陪他去多伦多的下属工厂考察并邀请他打高尔夫球。为此他去卖了两套 KF 休闲服。商务活动结束后他去看望妹妹天颖。闲聊中，谈到特意卖的休闲服只用上了一套，而家中还有好几套。天颖见发票还在，便说，“达贝”是名店，总店就在多伦多，不如把没有穿过的一套退掉。天风深感难以置信，买货容易退货难嘛。

“达贝”的“顾客服务中心”有 5 个接待小姐，每个柜台前都有顾客在退货。天颖排在华裔小姐那个柜台，说，你们看，5 人中只有她是中国人。我来时她是收银员，现在升到了专管退货的职位上，这说明她的工作一定非常出色……轮到天颖退货，她便把发票和休闲服递了过去，那位女同胞检查了一番后，疑惑地问，为什么要退货？天颖惊讶地打量了她一眼，用纯正的英语说，无可奉告。对方愣了一下，天颖又开腔了，但说的是中国话而不是英语：你提了一个你不该提的问题。如果是其他几位这样发难，我会向你们的主管投诉……对方涨红了脸，忙说对不起，然后很快办完异地退货手续并退回货款。

这一亲身经历——“无理由退货”——给我留下了深刻印象。在加拿大，凡是顾客所购的物品，只要没有使用过，发票还在，你可去其连锁店或连锁商场退货。

有一次天颖托人给侄儿琪琪带来了几套童装，其中一套的款式与已有的一套类似。天颖得知后嘱告把衣服和标签原封不动保存好。半年后，天颖把已经跨国的衣服全然退货……

在加拿大并无任何法律或条文，规定商家必须接受顾客的退货并要退款，也就是说，要求退货退款不是消费者的绝对权利。经深入了解方知，商家为了在竞争中站稳脚跟，总会想方设法吸引顾客，做出许多友善体贴的承诺。就说退货，商家出于体谅顾客也许是受到广告的引诱，一时冲动购置了酿成事后反悔的商品，因此允许完璧归赵——退货。这样做很容易树立起商家"尊重并体谅上帝"的形象。有些商家，甚至可以接受初期试用过的物品的退货并予以退款，而且绝不会审问你退货的任何理由。但事后必定会寄一封信函给你，客气地表示，为了提高商品的品质，为了改进进货渠道，特征询您退货的原因，希望如实在以下的提示旁打√或打×：后悔、不适用、买错、改变主意、不满意品质等等，抑或拒绝奉告亦无不可。

在加美两国，商家"无理由退货"已实施了几十年。这一约定俗成的营销策略，无可辩驳地说明了商家的诚信和顾客并不因为自己是"上帝"而为所欲为。不过，顾客中也有极少数恣意无忌的人。卖了一套礼服去参加盛宴，出过风头后即去退货。此类角色虽凤毛麟角，但屡见不鲜。对此，商家因相信顾客的群体而不会因噎废食。

在北美排长队

生活在北美，感触最深的是加拿大人在公众场合自觉遵守公共秩序，乐于排队的良好风尚。机场、商店、剧院……凡是需要排队的地方，即便只有两个人，他们也会循序等候。倘若排长队，也是鱼贯前行，听不到乱哄哄的喧哗和争吵，看不到争先恐后的拥挤和推搡。

"中国出口商品展览会"开幕的那一天，多伦多国家展览中心门外弯弯曲曲的长蛇阵排了几公里，而且还在不断地延伸。按照买票进场的速度，后面的人等上几小时也是枉然。时近中午，会务人员到队伍后面逐个致歉，请第二天早来。被劝说的人虽失望却并不抱怨，耸耸肩就走了。我和一大批人预计下午 2 点才能买票进场。还要等这么长时间！在我后面排队的是两个三十来岁的加拿大人。一个边啃三明治边说："他们肯定没有估计到会人满为患。"另一位平静地答："如此火爆的展览也许是他们第一次碰到，他们应接不暇，我们应该理解。"周围的人不少跟着点头。一个个在秋风的吹袭下伫立久等，不但没有怨言，表情却雍容安详。

排长龙一点也不着急，心安理得地等上几个小时，这源自内心的通达和宽容。这种通达和宽容，在公众生活遇上突发事件时，对维护社会秩序起到了意想不到的稳定作用。2003 年 8 月 13 日下午 4 点左右，加美突然停电。顿时，拥有 5 000 万人口的北美陷入了瘫痪！

火车、地铁、轻轨停驶；加油站的加油器形同虚设、水厂的泵站不能运转、提款机失效……我居住的小区外是生活服务区。电池、手电筒、蜡烛、打火机、面包和熟食成了抢手货。令我惊奇的是，队伍虽然不见尽头却没有一个人起哄，队形松散却没有一个人乘虚而入，排队的人个个神情泰然，不急不燥，有的在悠然地看报，有的自得其乐地吹着口哨……点着烛光的店堂空荡荡的，顾客是出来一个再进去一个……一个走近商店的小伙子，探视一眼店堂又看了看排着的长队；一旁的老太太对他说，你如果有急事，可以排在我前面。小伙子有礼貌地说，谢谢，合适我的位置应该在后面。说完款步朝队尾走去。看到这样的互相歉让我颇为感慨。排队既耗时又急人。可是，没有一个人为了争先而置斯文于不顾！我一直在思索加拿大人何以乐意排队？见前面一个十二三岁小孩正在玩弄掌上游戏机，看得出他是安于排队才玩得忘了情。便禁不住问道，小朋友，你干吗不挤到前面去？小孩惊讶地问我为什么？你是小孩，大人不会计较的。老师说，小孩应该像大人一样遵守公共秩序。你这样认为？是的。爸爸妈妈每逢排队，都会挨个等着，从来不越雷池半步。

也许这正是我所寻求的答案：幼时的教育和榜样的力量，在潜移默化中哺育了一代又一代人的涵养并使之形成良好的社会风气。

历险寻幽赏红枫

去亚加华大峡谷已近晚秋。汽车在森林公园内的高速公路上疾驰，探视左右，不见娇容秀貌的繁花，只见落英纷飞；虽偶见苍翠葱茏的青松，但触目皆是在寒风中抖瑟的枯枝；一叶知秋，我心中徒生悲秋之感。

亚加华峡谷位于安大略省东北部的阿尔格玛区，是 12 亿年前地壳断裂并长年扩大和加深所形成的断裂带。如今成了加拿大最佳的赏枫景区。

山风拂面，林岚浸衣，透过挡风玻璃朝前观望，一片萧杀中，隐现于枯林中镶着黄边的绿叶依稀飘忽，由少变多，由绿变黄……汽车转入公路。随着依山傍水的路的延伸，大山深处已少见秋的落寞萧索。一株又一株枫树，在满眼秃枝中更显艳丽；一片又一片火灼灼的枫树林。染遍了崇山秀水。那迎风经霜的勃勃生气，一扫我心中的悲秋之感。

游览亚加华的最好线路就是乘火车赏枫。赏枫专列满载着游人沿着山道盘桓，还发出车轮碰击钢轨的响声，令人产生既兴奋又期待的感觉。沿途已少见秋的落寞萧索，在一座并不高的山峰上，相依而立的 4 株枫树根本不用绿叶扶持，也不随黄叶舞秋风。殷红、深褐、浅橙、杏黄的颜色互为映衬，争奇斗艳……车厢里立时爆发出欢呼声，有的哼起了歌曲、有的拍照、有的摄像……突然有人发出了惊叫，大家这才发现小火车已临万丈深渊，刹那间车厢里的空气似乎凝固了，人人吓得屏息敛容。惊魂未定之际，一株岸然而立的枫树吸引了我们的视线，那浅红金黄的叶片四下旋开，把周边那些枯枝残叶团团覆盖，似君临天下。近旁，苍翠的松树成了点缀，枯枝朽木为之俯首称臣。有人拍手叫好、有人啧啧赞叹，车厢里又骚动起来。当此忘情专注之际，小火车已驰上高耸两山之间的高架桥，天哪，孑然凌空，险状惊心！其实小火车正在安然行驶，但游客无不在杞人忧天。无不急盼快快跑完这段险象环生的游程。正在忐忑不安时，大家黯然的目光相继倏地大放光芒，峡谷中成群结队的枫林沿着山坡由低而高蜿蜒上升，如卧龙登天！美不胜收，转忧为喜。

火车驰进莽莽林海，几次山穷水尽，成排、成片、成群的红色枫树林似壁立千仞的山峰挡住了去路……几次柳暗花明，豁然间远处的枫林顺着山脊犹如红色的瀑布奔腾而泻，如蛟龙入海……那赤瓣熊熊的红叶，如榴火，如玛瑙，如琥珀，如珊瑚……我从来没有看到过有这么多的枫树，多得像一片海，美得像一轴长幅画卷！

途中不知多少次濒临危崖、高悬半空。抑或提心吊胆，抑或惊喜有加，只有乘火车赏枫，才能感受这非同寻常的情趣。

行舟赏枫另有一种曲径通幽的秀雅神韵。阿岗昆森林公园建立于1893年，占地7 725平方公里，是山区又是湖区，有超过1 000多个大大小小的湖泊，是加拿大最佳的赏枫地之一。在一个幽谷边，一条宽不过2米的小河若隐若现地掩没在森林之中。公园里有1 500公里供游人划船行舟的独木舟水道。这些曲折迂回，苔痕浸染的清涧溪流，据说，每一条都是赏枫的绝佳线路。我来到用老树桩搭建的码头，租了一叶小舟。滢滢秋水，澄清可掬。两岸绵延的枫林一路燃烧到尽头。我在微波细浪中驾舟渐行。头顶，忽而万缕金光，忽而红云蔽日；水中，树影摇曳，片片飘浮的红叶酷似游鱼，随波嬉戏；岸上，黄叶满地，也见红叶飘落；各种各样的鸟，在枝丫和树隙之间跳跃、飞舞；灵巧敏捷的小松鼠在树杆上窜下跳……小舟悠荡、皮艇鱼贯，每拐过一个弯角，每绕过一块礁石，游人的惊喜之声贯耳："快看快看""啃，太美了！"一道细长的飞瀑倾注而下；临瀑的岩边，一株枫树簇拥着一片金黄；瀑珠飞溅，金冠黄袍，一动一静，交相辉映，由轻到响的瀑声打破了山谷的宁静，令我顿生渐入佳境的感觉。循河望去，前面一片湖泊，湖水湛蓝，湖中小岛团簇丛生的枫树，赤色欲滴，犹如一颗玛瑙镶嵌于绿色的翡翠之中；山坳里有一片枫林，看似柔弱，却野火烈焰，尽情燃烧……近前观望，一枝枝小枫树如少女静静伫立，红艳艳的叶片宛如少女脸上的羞晕，竟说不出的娇俏！

泛舟赏枫，那一种静穆中的灵动，幽深中的华美，真是林景一绝，令人叹为观止。

一路上我也在不断寻思，一片绿叶怎么会变化出多种颜色？后来我才知道，枫树的品种有 140 多种。有红枫、铁枫、硬枫、黑枫、银枫……树种不同颜色也会有不同差异。至于枫叶所以会变色，是叶子色素、夜晚时间长短和天气温差的作用。其中，光线与温度是影响叶子变色及落叶的主因。当日照较短的秋天来临，再加上气温降低（夜间温度必须在摄氏 7 度以下），低温会阻碍叶子制造叶绿素，而原有的叶绿素也会慢慢地被破坏，类胡萝卜素则与日渐增，最后树叶呈现类胡萝卜素的黄色。到了晚秋或入冬之际，类胡萝卜素逐渐被分解，树叶里的糖类被还原成为红色的花青素，各色枫叶才由此形成。枫叶的颜色还会随着温度、湿度以及日照时间而改变。一般而言，由于光线的关系，清晨或傍晚是枫叶一天中最美丽，色泽最饱满的时候，

我弃舟登岸，穿过红叶成荫的曲径，顺着山坡攀缓到高处的停车场。正欲上车，近旁一株如火如荼，30 几米高的大树，又一次让我流连驻足。枫叶的叶片如缺少食指和无名指的手掌，其状似乎裂成 3 瓣，逗人喜爱。我欲采撷一片枫叶作为此游的纪念。刚伸手却迟疑了，尽管它行将香消玉殒，我也不愿毁其生命于一旦。我的目光在坠地的红叶和枯枝残叶之间游移，随后小心翼翼地拾起一片红叶，尽管

它已命丧气绝，却没有丝毫哀容衰貌。它安然静美，濒临消亡而多精神，

向晚正是枫林最美的时候，我爬上突兀于半空的山峰。峰顶平旷如坛，视野开阔，落日西垂，晚霞似火，在夕照的光合作用下，漫山遍野的枫叶变幻出各种眩目的色彩：橘红、嫣红、朱红、淡紫、姹紫……遍山红叶的壮观，色彩缤纷的浓艳，曲折盘旋的山径，云缠雾绕的木屋，似曾相识却又大异其趣……我惊喜，我激动，我想起了北京的西山，南京的栖霞，情不自禁脱口低吟："远上寒山石径斜，白云深处有人家。停车坐爱枫林晚，霜叶红于二月花。"这是杜牧在岳麓山赏枫时抒写的《行山》！此时此刻，我不仅真正体会到这首诗开朗、艳丽的意境，不仅感受到"看万山红遍，层林尽染"的豪迈气势，还感受到一种难以抑制的悲壮。在我眼里，枫林越是五色斑烂，越是显得悲壮。须知，在万木凋零，百花失色的凄凉晚秋，枫树没有亦步亦趋，魂断寒冬。相反，在生命的最后一段旅程里，它那化作一团绚烂夺目的火焰，比吐艳竞放的春花更红艳，更醉人！

六十花甲，似乎更易领会霜叶最后辉煌的深意。我感到了一种苍劲，一种振奋，一种激昂，一种欣慰，觉得手中拿着的不是轻如鸿毛的红叶，而是烈火炽焰。

国色天姿叶更红

我家的前庭后园都生长着高大的枫树。家家户户的房前屋后也遍植枫树；市区的办公区域、广场花园、湖畔河边无处不见枫树；郊外农场、海边小镇、高山丘陵或广漠绿野到处都分布着不同种类的枫树。

枫叶长廊起始于尼亚加拉的西端止于魁北克的东端，全长800公里沿圣劳伦斯河曲折蜿蜒

春夏之际，枫树参杂于其他树种之间并不独显娇巧。虽绿叶茂盛，但不像铁杉的树叶飘逸脱俗；树杆虽然挺拔，但没有橡树傲然耸立的勃发雄姿；唯一与众不同的是树多势众，成排，成片，成群，蔚为

壮观。

加拿大人不独热爱枫树，更喜爱赏枫。深秋，尽管无须出门，端坐窗前或阳台上就能看到那艳若春花的美景，他们却认为这不叫赏枫，充其量只能说是看枫，真正的“赏”枫是要开车出城，远离喧闹的市区，上山登高，溶身于如彤云飘逸，晚霞夕照的枫海内；下湖泛舟，注情于流光溢彩斑烂耀眼的倒影中。

安大略和魁北克是枫树最多的两省，被誉为“枫情两省”。圣劳伦斯河从安大略的尼亚加拉大瀑布，流经多伦多、金斯敦、渥太华、到魁北克省的蒙特利尔、魁北克市。这一带被称为加东地区，是遐迩闻名的“枫叶长廊”。因大西洋的寒流影响，各个城市之间产生的温差所至，枫叶换颜改貌也分先后，魁北克的枫叶约在 9 月底开始由绿变黄时，相距约 1 000 公里的尼亚加拉的枫叶还是绿透生辉。枫叶变色的过程是，渐渐镶上红边，再由黄红相间转为金黄浅红……一天一个颜色，一天一个变化，那犹如火苗黄焰跃动于枝头林间的美景；那触目皆是浅绛的，朱红的色彩，当然还有金黄，无时无刻不在逗引人们惊喜的目光，激起人们热切的渴望。

一俟万山红遍，许多道路的两旁，枫树伸展的树枝，树树相接，枝枝相连，形成连绵不断而略无间隙的树荫。行车其中，上有被枫叶染红的天空覆盖，两旁有深浅不同的红叶相伴，人车就像在红彤彤的隧道中行驶。

红枫，给加拿大的山河增添了无限的光彩。加拿大人当然对枫树也怀有特殊的感情。

早在欧洲移民进入加拿大之先，印第安人的祖先发现枫树汁味甘可食，遂开始采集饮用，很快因纽特人等部落原住民也效法利用枫树这一造福人类的功能，视枫树为幸福之树，将枫叶看作他们生长繁衍这方土地的象徵。早期的法国移民迁徙到加拿大后，又遍植枫树，使加东地区的秋季成了如火焰燃烧的季节。很快这火焰又蔓延到加拿大的许多地区。加拿大人对枫树的热爱是别国人难以相比的，枫木家俱陈放家中，枫糖佳馔是餐桌上不可或缺的健康食品；以枫树，枫叶为名的地名、路名、校名、公司名、体育运动队名、产品品牌等比比皆是。正因为娇艳美丽的枫叶饮霜傲雪，顽强挺立，给严寒的北国带来无限生机。1861 年著名诗人亚历山大·莫尔用歌词来抒表胸臆："枫叶是我们可贵的象征，枫叶永存！"在加拿大摆脱英法殖民统治后，确定其为国树，而国旗也设计为枫叶旗：左右两侧红边表示太平洋和大西洋，意指加拿大南北濒临两大洋之间。中间的白底表示加拿大广阔的国土。白底上绘有一片鲜红的枫叶。

通过枫叶国旗寄托对国土和家园的热爱，已成为加拿大人的优良文化传统和崇高情神境界，这种由枫叶纯粹的自然美到应热爱而赋于枫叶国色天姿崇高美的升华，使加拿大在世界上获得了"枫叶之国"的美誉！

枫树迎春

去布隆特湾省立公园，是为了参访贯穿整个三月份的“枫糖节”。加拿大人为何在山林仍未脱卸掉寒冬的残迹，便急匆匆来庆祝“枫糖节”？

在我的想象中，山中必定到处是光秃秃的树杆，到处是枯黄的秃枝，在阴沉的天幕下尤加冷峻肃杀。出乎意外，我虽然未曾看到如云似火的红叶，却满眼惊奇：刚见皑皑山头，又见山外青山；乍见冰层下河水蠢蠢欲动，蓦然回首，冰河开裂水流淙淙；峰峦山野，有的银装素裹，有的雪痕斑驳……千姿百态，驱散了我心怀“红消香断有谁怜”的伤感。

络绎不绝的野行车把游客送到了公园内赏枫集散点。背着行囊的游客一下车便非常兴奋地换乘四轮马车，马车夫假意朝空中扬鞭，马儿拉着马车不紧不慢地进入林中小道。乍暖还寒，林中虽没有春回大地的丝毫迹象，但却别有风情；背阳处，残雪尚未消融，树梢还挂着冰棱、冰针、冰珠；向阳处，被逐渐融化的冰雪，被风吹得像蒙蒙细雨。水气茫茫，雾凇凝结枝头，朦胧中我看到耸天而立的枫林中出现了一顶野行帐篷。越朝里走帐篷越多。有些刚到的人，正在架设帐篷。也有人在张灯结彩，林中洋溢着热烈欢乐的气氛。这里把野营帐篷叫作“糖季营帐”。我们一行便租了一顶安营扎寨。与人的攀谈中，我提出自己的疑问，到处是枫林，为什么偏偏要选择这里？被问的人非常乐意回答。这儿的枫树叫糖槭树，是北美洲的独特枫树，也叫糖枫。它树杆直立可达40米，是珍贵的木材，可做多种用途，如桌球的球杆。它的汁液甜如奶汁，可以熬制枫糖浆及其他多种食品，风味独特。枫糖是印第安人发现的，据传，很久以前，一位印第安人的猎手在一颗枫树下煮鹿肉，发现鹿肉有甜味，抬头一看，大枫树正往锅里滴着树汁，他用手沾了几滴送入口中，于是发现了枫树液含糖这个秘密。他还告诉我，枫树一般能活300年，树龄超过30年才可以打洞采浆，一般只钻一个洞，使它能休养生息、恢复元气。若高龄枫树通常可以钻3—4个洞，可持续出浆250年。这片枫林已有200多年的树龄。每一棵大枫树每天可采集4公升的树液。根据现在的采液方法，大约40公升的树液可制成1公升的枫树糖浆。采集枫树液需要合适的季节和气温，一般在每年2月至3月的4—6周内，而且夜间须摄氏0度以下，白天在摄氏5度以上，才能采出枫树液。

傍晚，人们燃起了一堆堆篝火。天下起浙浙沥沥的小雨，其实这不是雨，是篝火正在融化树枝上的积雪。一群又一群的人围着一堆堆篝火席地而坐。一个小伙子弹起吉他演唱了一首乡村歌曲，大家情不自禁地随声唱和：

虽然她是那么遥远
我们也难以拥有她的怀抱
可她的确值得我们梦绕魂牵
因为，那里的枫叶红得似火
那里的水儿就像姑娘的脸
那里的山啊就是男儿的豪迈
那里的人们是民族的“马赛克”
她，就是加拿大！

这是一首脍炙人口的加拿大歌曲。“马赛克”意指多种民族多种文化的和谐相融。身处北美，能亲耳聆听本地人充满自豪和诗情地纵声歌唱，我感到格外亲切。

这一夜，阵阵狼嚎并没有使我忐忑不安。尽管野狼近在咫尺，虎视眈眈，但它们面对熊熊烈火而不敢越雷池半步。这种有惊无险的新奇，刺激得我躲在树杆后面偷觑了很久很久。夜晚，山风呼啸，尽管篝火长燃不息，白天已渐渐解冻的冰雪还是凝固成块。我有篷帐抗风御寒，没有丝毫的冷意，温暖的睡袋还使我暇思明天庆祝枫糖节的盛况。翌日，群山尚未苏醒，飞鸟还在沉睡，随着一声呜响，鸟儿发出了轻啼。该起床了，我走出帐篷一看，天色未明，是园号打破了清晨的宁静，是双簧管学着鸟啼，此时，长笛又模仿鸟叫，紧接着各种乐器齐奏，在热烈、明朗、流畅的音乐声中，那些比我早起的人，有的把一截截干枯的原木支撑成长桌，有的排成长队，一个接一个去拥抱那些将被开割引液的枫树。不管大人小孩，举止庄重，情真意切，无不显示出对枫树由衷的景仰之意。

当太阳的第一道光芒投射在纵横交错的枯干虬枝时，林场工人来到一株枫树前，我一看心不由一阵颤抖，这些枫树不消说已全然没有了当日的风采，树杆、树枝、树丫又干又绉又瘪，尽管如此，它没有半点的自惭形秽，反倒刚健而不卑不亢，平淡而不加粉饰。

林子里静得没有一丝声响，众目睽睽之下，林场工人用手枪钻在1米高的开裂的树皮上钻洞打孔（洞深5厘米），刹那间，琥珀色的浆液就从这伤口顺着透明的塑料管一滴一滴流入用桦皮做的小木桶中。液汁红得像血，悄然无声，涓涓而流，顿时，人们欢呼，雀跃，歌唱，奏乐，载歌载舞……接着第二株枫树也钻洞，引液，再接着第三株、第四株……下午，兴高采烈的人们把刚采下的一桶桶液汁倒入一口口大锅。烈火熊熊，沸腾的液汁飘荡着诱人的香味……这是采用传统的方法来庆祝枫糖节。至于酿制，已采用先进的不锈钢管道系统把枫树液直接从树上输送到加工厂进行枫糖浆的生产。经分析测试表明。枫糖浆不仅是天然加甜剂（树液含有3%的白利糖度），口感独特，香甜如蜜，且因其含有低纳、高钾、高钙、镁等矿物质，营养丰富……因其生产是季节性的，产量较低，每生产一升枫糖浆需要40

升左右的枫树液，显得十分珍贵，成为加拿大人引以自豪的健康“天使”。

不一刻，一锅锅滚烫的枫糖浆端到了长木桌上，一桶桶白雪也放到了桌上。人们用枫糖浆和着白雪凝成又热又软的糖团，然后用小木棍将糖团捻成小团，它外层冰凉，里面却是热的，无论大人小孩，几乎是人手一棍，大家戏称这是“太妃糖”。

“太妃糖”甜得沁人肺腑。然而，这种甜不仅仅是味觉上的享受，更在感知上令人回味无穷：

当它铁骨铮铮的躯杆正在遭受冰霜雨雪的摧损，蛰伏冻土的根须却在沉睡僵硬的土块中拼命吮吸养料，蓄势待发；

当荒芜的深山还不见草长莺飞、柳絮轻扬、桃花娇艳之时，它不仅全然无视天时地理未施良机，而是率先给大自然带来无限生机；

当它默默奉献出醉人的芳香和怡人的甜美，它攒足劲的伤口没有艳态，它孕满情的浆液没有妙姿，它就是用这种质朴无华的真情实意来迎接春天的到来。

离开布隆特湾的途中，我的脑际一直萦绕着枫树出浆那动人的形象：它不屑疼痛的奉献更显其萧远孤高，它非同寻常的报春更显其危耸雄姿！不言而喻，一俟流血的伤口痊愈之时，也正是山花烂漫之日。那时它无意争春而无人问津，不赶时尚而无人欣赏，它遭受遗弃纵然孤独，却没有半点搔首弄姿的虚荣。

晚秋唯我独秀，早春舍我其谁，这种超越一切的精神世界是何等高华浑朴，何等超凡脱俗！

枫树的美，不仅美在灿然若火，不仅美在热血沸腾，而且还美在悲壮！

住宅旁的墓园

央街是世界上最长的街，1885 公里！位居多伦多市中心的一段，就像上海的淮海路，是繁华的商业街。平时，我常常一边观瞻琳琅满目的玻璃橱窗一边散步。步行约一小时，商店渐少，市声趋缓，街旁出现了一幢接一幢的 2 层住宅。再朝前走，便会看到一个临街的墓园。站在人行道上朝墓园看去，一排一排的墓碑一览无余，墓碑有的耸立，有的平摆在地上。墓碑周围虽然全是绿色的草坪和黄白的小花，却仍然未免有凄凉的感觉。即使在温暖的阳光下仍旧透着几分冷意。每当夜幕降临，我散步止此，顿感这儿阴气袭人，立即匆匆走过，或掉头返回。

墓园地处闹市，左右两侧和后面全是房舍。有的住户与坟墓毗邻而居，有的开门见墓。按我们中国人的风俗，这是大忌。

其实与墓园为邻的住家并非独此一地。每次外出，不论市内或郊外；不论小镇或乡野，总会看到大小不一的墓园。有的是几座，有的是几十座或上百座，它们并不在远离人烟的偏僻之地，而是紧挨着住家：有的在住宅小区的中间，有的与住宅沿街而立，有的在路口的转角处……

我实在想不通这些早晚和坟墓相守对望的住户，怎么能数十年如一日安居下来？他们为什么一点也不忌讳？我们中国人的住房，讲究朝向、风水、景观。城市里的人，多半希望能凭窗放眼蓝天，白云；乡下人家，喜欢倚门看山看水。可以说，压根儿没有人愿意开门见墓。至于一谈到墓园，就会联想到深山荒野一堆堆的土冢，联想到披头散发青面獠牙的鬼魂；一想到阴风惨惨的阴曹地府，就骇得魂飞魄散！可以说，绝不会有中国人愿意在坟墓的一隅泰然安居。面对坟场，家宅能兴旺？

这些北美人，为何无惧无忌，乐于在自家的周围为已故亲人建立安息之地呢？

经多次探询，请教，答案是，在西方，死亡被视为“永生”。当人的生命在尘世结束，灵魂即脱离躯壳升入天堂得到永生。因此对亲友的寿终正寝，人们不会过度悲伤。他们相信总有一天他们会在天堂相会，那么把死者安葬在活人的左右，也就没什么可怕了。

按我们中国的习俗，把死亡称作“永别”。黑白无常，鬼门关，黄泉路，十八层地狱……凭空地让人徒生恐惧，无限悲凉，生者怎么愿意和黄土一抔，朽骨一堆的坟冢相伴。

“永生”与“永别”，仅一字之差，却反映了大洋两岸的人们对一个未知世界的臆想。“永生”带给人们的是对生命终结后的希望。因此他们在送葬时，看着灵柩慢慢入土，大家唱着赞美诗，祝福死者的灵魂升入天堂，安睡在上天的极乐世界。葬礼自始至终是一种完美的理性。送葬的人自然而然地会感受到一种安息的宁静。“永别”带给人们的是遽然消逝的绝望！一想到入土的亡灵被禁锢在阴曹地府，既无今生也无来世，能不悲伤：有人低声啜泣，有人长恸短嗽，有人捶胸顿足，有人因悲痛欲绝而倒地打滚，有人拼死拉着陈放尸体的推车嚎啕大哭，不仅如此，现在还出现了一种哭丧的职业……送葬，因生离死别而失去理智，哭得死去活来……

两种送葬的习俗大相径庭。愿逝者永生，这何尝不是出于一种信仰；与遗体永别，难抑哀伤而情不自禁。其实，这两种情感都发自对死者的深深眷恋。这种眷恋，也影响了人们用什么颜色来标志生与死的色彩。

北美的地图，纯绿色表示是森林公园；翠绿色表示是墓园。绿色的森林显示蓬勃的生机，青翠的墓园是生命的终极之地。北美人把活力与死亡用相似的色彩作为标志，而我们中国人却把生与死用两种截然相反的颜色——红喜事白丧事——加以区别。

绿色，给人于希望，白色使人感到恐怖。

西方人对那一个深不可测的世界的情结，使我不知不觉消除了对其的忌讳，以后每次路过墓园，我不仅多看了几眼，有几次还信步入内，走马观花。

墓园一片浓绿，一块块长方型的墓地，嵌在青绿的草坪上，各款各式的墓碑，有的倾颓斑剥，仔细辨认，年代可追溯到一百多年前，有的镶嵌在碑上的铜牌铮铮发亮，一看便知是座新墓……近处远处，矮树小花疏落地点缀其间。我仿佛置身在绿色的花园中，不由地心中感到一分宁静。我环顾墓园周围的房舍，心想，在这样一个幽美的墓园里，长眠于斯，又有活着的亲人相伴左右，确实是安息的好地方。若亡灵有知，一定会含笑于九泉。

不过，若要我的住宅与墓园为邻，我决不会苟同。

八宝火鸡

感恩节是最富美国特色的传统家庭节日，至于哪月哪天是节日，既固定也不固定。反正每年 11 月的第四个星期四便是“感恩节”。美国有句名言：没有火鸡就没有“感恩节”。火鸡是“感恩节”的传统主菜，美式火鸡通常是挑选 10 磅至 20 磅重的火鸡，在鸡肚里塞上各种馅料和拌好的食品，然后整只放进烤箱，烤熟后，主人用刀切成块状分给大家，大家一面大快朵颐，一面以感恩的心情来庆祝，希望藉此感谢“身边所有的人”和“神的恩典”。

美式火鸡的烹调和吃法由来已久，探究其饮食文化的内涵，源于西方人把菜肴看作是充饥的佐食之一，所以专吃大块肉、整块鸡等“硬菜”，时至今日，北美虽然已是空前富足的社会，但他们的饮食还停留在果腹的阶段。一道菜在不同的地区不同的季节面对不同的食者，皆为同一味道，毫无变化。

中国菜肴是讲究“吃味”的，其特点就是随意性，同样一道菜，因地区季节不同，可以有各种的烹制方法。拿红烧鱼来说，冬天的色宜深些，口味宜重些，夏天则色和味均应清淡些；对于江浙一带的人来说，红烧鱼的调味中可加糖，若川湘顾客则应多放辣。可见离开了随意性，就没有中国烹饪的变化多端，就会失去中国美食的独特魅力。

融入北美生活的华人，视“感恩节”为继中国农历新年后的另一个重要家庭团聚日，虽入境随俗，却难以改变细嚼慢品的饮食习惯，他们嫌又重又大的美式火鸡肉质粗糙，味道欠佳，有些头脑灵活且精于烹饪的人，便发挥了中国美食的随意性，挑选 8 磅左右的火鸡，采用中式烧烤的方式涂抹精制调料，而且火候控制如烤鸭一样，使其能保留鲜美肉质，食用时再配以特制的调味酱汁，如此加工，既保持了感恩节吃火鸡的传统，又赋予美式火鸡"北京烤鸭"的风味。

美式火鸡一经洋为中用，各种中式烹调方法便应运而生：风干火鸡、酒糟火鸡、脆皮火鸡……反正，华人因口味不同，便用各自喜爱的菜系所可借鉴的方法来烧制火鸡。

精明的华商从火鸡"革命"中捕捉到了商机，餐馆和超市纷纷出售各种中式火鸡。其中，"八宝火鸡"不但深得华人的青睐，也大受洋人的欢迎。

顾名思义，人们马上会联想到八宝鸭。不错，除了鸭身变为火鸡，其他食材：鸡丁，肉丁，肫丁，干贝丁，火腿丁，笋丁，栗子丁，香菇丁，糯米饭，虾仁，青豆均在火鸡上发扬光大。从外观看，肥白的美式火鸡变得丰满红润，而骨子里更是华人爱吃的美食。能品尝到如此浓浓的家乡味，令食客恍然大悟，原来，火鸡也可以烧烤得如此酥嫩芳香。

一对洋人情侣吃了八宝火鸡后赞叹："这是我平生吃过的最好火鸡。'八宝火鸡'，我的最爱！"

反应灵敏的华商立即在玻璃窗上画漫画，并配以广告词："'八宝火鸡'，中国的一大发明，食而难忘！"

灯

雪后的圣诞之夜，整个城市被莹洁的白雪簇拥着。淡淡的月光下，最能引起佳节情怀的却不是雪而是灯饰！

听说圣诞夜的灯别有一番情趣，我们便驾车外出观灯。目光所及，平日如茵的草坪银色茫茫，一棵又一棵大树雪光萤萤。不一会，随着远处屋檐下几个恍惚的灯穗由小变大，一个五彩缤纷的住宅小区渐渐展现在眼前：

一幢2层别墅的所有的轮廓线全都拉上了由红色、橙色和黄色交织的软塑彩管。那框着积雪屋顶的多彩线条，在白雪的衬托下分外艳目，似乎又在溶化积雪，在静谧中给人带来了温馨的暖意。

一户人家，把时尚的粉色和淡淡的暗红组成的跳灯，斜着盘绕在门前雪压枝头的枫树上。跳灯的相继闪烁，产生了一种火焰在微微燃烧的感觉。这是一种充满激情的灯光，它不仅赋于枯枝脱尽的枫树新的生命，也给节日的夜晚增加了欢乐的气氛；

由黄色、绿色、兰色、橙色组成的网灯，罩在形似栅栏的半人高的冬青树上。那种富有生气的多彩的光芒，不是围着东邻西舍的前院，就是簇拥在车库前的两旁，使得原本萧瑟的冬晚变得充满活力；

……

晚，渐渐深了，路上的车辆愈见稀少，我们开车从一个小区兜到又一个小区。真有意思，一忽儿瞥见前面屋顶上的天窗前，“圣诞快乐”四个大字华光四射；转眼间，右前方积雪的院子里，两头从大转轮上连蹦带跳地冲下来的麋鹿吸引了我们的视线，这完全是灯光的效果……车在小区里穿行，扑朔迷离的灯景使我惊奇不已并发出接二连三的赞叹。

我们的车驶入了乡村公路。田野被白雪覆盖，夜静得没有一丝声响，然而，流光溢彩的农家目不暇接：用白雪堆成的圣诞老人神采奕奕地坐在雪橇上，白胡子、红袍子、飞转的车轮，拉车的 3 头麋鹿的红鼻子，全是变幻的灯光所营造。

更令人叫绝的是，我居然看到了一树盛开的莲花！这明明是一颗披银载雪的松树。它的枝叶应该是是尖尖的，眼前所见的枝叶怎么会是一团一团的？后来才知道，这种松树来自苏格兰，它不同于一般的松树，枝叶叉开成一团一团的，白雪堆积上面，形状宛如一朵一朵盛开的莲花，加上悬挂在树隙之间各色彩灯的映衬，月光、灯光、雪光，月影、灯影、雪影，融成一片极富诗情画意的景观。美加两地的居民都把这种树称作圣诞树……

汽车在大路小道上转悠，远的近的，动的静的，各具韵致的灯景层出不穷。在加拿大，为了庆祝圣诞节，上自总督、总理的官邸，下至平民百姓的民宅，都会兴高采烈地张灯结彩一番。这种家庭式的灯景，虽然没有城市灯光夜景轰轰烈烈的气氛与场面，但那种雅丽与幽静会给你一种极大的亨受。这种亨受并不像大灯（楼宇灯光和橱窗灯光）那样振奋人心，却像田园诗那样轻风拂面。如果说霓虹夜景像朝霞般绚烂，那么家庭灯景就像露珠那样晶莹。

小灯的精致，越发使我怀念大灯的辉煌。

我国自古以来传承正月十五观灯的风俗。如今，节日的灯市、灯会、灯展、灯谜集灯光华采之大成，年复一年的吸引市民倾巢而出，聚众观灯。在北美，装置圣诞灯光纯属个人行为——心情使然，趣味所致，一户一景，尽显个性。我想，只要给生活创造美，只要别开生面，只要各有异趣，大灯小灯，淡妆浓抹总相宜。

喜忧参半倒垃圾

星期二是环卫局规定我们小区倒垃圾的日子。清晨，家家户户都把一星期积聚的垃圾拿到门前路旁的草坪上。平时，我们每天把垃圾分门别类地倒在置放于车库的黑色颜塑料袋和两只蓝色方形塑料桶及一只纸板箱里。黑色塑料袋是从超市购买的，专装食品垃圾；塑料桶是环保部门发送的，专装化纤制品和生活垃圾；报纸、杂志、纸巾盒等弃之于纸板箱。在超市，与收银台平行的不远处，一溜儿堆放着大小不一的纸板箱，任人取用不收分毫。多数顾客是驾车而来，纸板箱装载物品易于放在后座箱内，用完又可做垃圾箱，何乐不取。若需用马夹袋盛放所购物品，则要以只论价。这是环保举措。

刚到加拿大，夏天倒食品垃圾实在不习惯。像麻袋一样大的黑色塑料袋质地甚好，扎紧后绝不透气。可是，每逢松开口子倒垃圾的一刹那，一股腐臭既难闻又恶心。后来有了经验，先用绳子拦腰扎紧，然后松开口子倒入垃圾后重新扎紧，再松开先期扎紧的绳子。这一做法几乎彻底隔绝了刺鼻的恶臭。但还是无法排遣常绕心头的担忧，惟恐因超重而被拒收。

起先，黑色垃圾袋曾多次被驾驶员贴上因超重而拒收的纸条。这下可惨了，女婿只得请假，开车专程去很远的地方把拒收的垃圾送到指定的地点。这无异于惩罚，但我们只得认罚。与周围邻居相比，我家的垃圾袋确实要重了许多。所以会出现这种区别，是中国人吃剩的家禽和鱼虾的残骨要比西方人多得多。西方人用餐，主食是面包之类，素菜是在超市买的净菜，荤菜是各种肉类熟食制品。这种饮食习惯，食品垃圾当然少而又少。

星期二上午 10 点左右，我与佩瑛便在餐厅边看电视边等候。一听到时断时续的轰鸣便知道垃圾车来了。浅绿色车子就像新式的救火车，既美观又干净。车的两侧是可自动伸缩和升降的翻斗。等到驾驶员跳下车，把黑色塑料袋抛入翻斗内，我俩才如释重负地松了一口气。

两只塑料桶内的生活垃圾，邻居虽然装得比我家的多但份量并不沉重。加拿大人爱喝饮料和果汁甚于中国人爱喝茶。他们一星期购买一次，少则十几瓶，多则几十瓶。用尽后的瓶瓶罐罐，虽堆成小山却轻轻如也。约 1 小时后，这两桶垃圾被装上了第 2 辆橙黄色垃圾车。

12 点左右，第三辆浅灰色垃圾车来了，很快便把纸板箱里的包装盒和纸张垃圾运走了。

相隔 1 个小时，第 4 辆白色垃圾车停在门前。事前，家家户户已把残叶和被割草机割成的草屑装入特制的牛皮纸袋里，把枯枝截成 1 米长后捆扎成堆，若胡乱堆放也会被拒收。过了 12 月中旬，此车则停运至明年春天。若过期还有此类垃圾，只得自己运送到垃圾焚烧场。第五辆是半个月来一次的大件垃圾车，专运置放在家门口的家用电器、家具及鞋类……除此之外，还有一种垃圾必须自己专程运送到特定的垃圾站，即有毒垃圾。像电池、墙纸、轮胎、油漆罐、杀虫剂的空瓶空罐……

垃圾不能混杂和超重，要处理好确实费神劳心，不过，能生活在像花园一样的环境中，这真是我们的付出所得到的最好回报。如果一个民族有了环境文化意识，尘蒙的空气可以变得清新，污染的流水能出现碧波，荒芜的大地能穿上绿衣，戈壁大漠能变成草原。

冲出唐人街

第一次走进唐人街，恍然回到了大洋彼岸的老街陋巷。那凝结着华夏情结的牌楼，不禁使我联想起城隍庙和夫子庙；那一家家用汉字书写招牌的窄小店面，酷似豫园商城一侧小铺摊挡云集的方浜路；广帮餐馆、京韵茶楼，加上国酒茅台、镇江香醋、上海五香豆、苏州碧螺春……还有沿街推着小车叫卖的水果贩、墙根下摆粽子摊的老阿婆、街头巷尾商场内外熙熙攘攘的人流，嘈杂而喧哗的各种方言的乡

华盛顿唐人街

音……一切的一切都会使我徒生格外亲切的感觉。

唐人街，异域的家园。

从内心讲，去了几次后再也不愿前往光顾。购物环境不仅狭小，且又脏又乱又差，若去洋人的超市或商店购物，那优雅和闲适的氛围，可以说是一种享受。但是，我们不得不每星期去一次唐人街，只有在这里，才能买到适合华人生活的必须品；只有在这里，那些被岁月打磨得字迹模糊，横横竖竖的匾额，才能聊以慰籍绵长不绝的故乡情思。

我一直在渴望，如果唐人街能与洋人的商业街媲美那该多好啊；如果华人的店铺遍布全城，这对散居各个街区的华人会带来多少方便。可是，唐人街的周围仿佛有着一道无隐的藩篱，华商似乎难以逾越而蜷缩在弹丸之地。

几年前，在一次聚会上，我向“金山”的掌门人林杰先生谈了上述想法。

“金山”是唐人街上最大的超市，营业面积 2 500 平方米左右，已有 14 年的历史。林老板坦言，“唐人街购物环境差，实出无奈。在激烈的竞争下，超市的利润空间已经变得非常窄小，只有拼命降低成本，努力节省每一分钱才能维持。我也知道，营业场地大就不会给人拥挤的感觉；多雇一个人打扫卫生购物环境也能变得更加清洁，但是所有这些都会增加成本，最终还是会转嫁到顾客身上。而低廉的价格始终是华商不能放弃的优势，否则便不能在激烈的竞争中生存下去。”他顿了顿，继续说道，“不过，华商不会长此原地踏步。现在多伦多 300 万人口中华人有 40 万，这么大的市场，况且中国移民的钱袋开始鼓了起来，也许这是华商舍弃唐人街的最好机会……”从他的话里我听出他不甘愿在小河里搏击并渴望到大海中畅游的心声。果真如此，一年后“金山”以崭新的面貌出现在唐人街以外的区域，其营业面积比老店要大好几倍。不久，又一家金山超市跻身几百家主流西人的闹市，既做华人的生意，又赚洋人的钞票。我则因成了这两家金山超市的常客，几乎绝迹于唐人街。到了2003年，第4家8 000多方米的金山超市崛起在密西沙加，其规模和水准比起西人的主流超市也毫不逊色。来此不但可以买到很多主流超市买不到的货品，还可以获得主流超市同样的消费享受。许多同胞蜂拥而至，慕名而来的洋顾客也日见增多。在华人眼里，"金山"成了华商冲出唐人街的标志之一！

可惜好景不长，在华人超市中雄霸一方的龙头老大，2年后居然会跌入深谷，8月5日，林家兄弟中的老五林杰向媒体宣布"金山"即将退出华人超市的舞台！这一噩耗震动了华人的圈子。惋惜之余，纷纷猜测为何会寿终正寝？有的说是兄弟不和，有的说是管理不善，有的说是众多华人超市竞争的恶果……我思索再三，猛省到纵然有千条万条的原因，"金山"的出局还有被人们忽略的一条，殊不知，近来我已很少去金山超市购物了。何以会疏远？就像当初"金山"舍弃唐人街后，我便改弦易辙一样，常去购物的地方是小区外的"香蕉"超市。

"香蕉"超市的连锁店在多伦多有二十几家。其顾客群自然是源源不断的洋人。半年前，家门口的香蕉超市，把5 000平方米的营业面积扩展了一倍。所增设供应的全是中国货，而且完全按中国人的习惯模式进行销售。从大饼油条到馄饨皮、从咸菜毛豆到烤鸭活鱼……什么都有，方便极了。还有一点非常诱人，徜徉其中选购货品尤如逛公园，其高雅与幽静使顾客感到仿佛置身音乐大厅。比起唐人街上的拥挤脏乱，味道难闻，满耳大呼小叫实有天壤之别。如此高级的超市近在咫尺，何必舍近求远。谁能想到，"香蕉"此举从华人的超市中不知分流出多少客源！况且不是一家，而是几十家。

这是商业竞争，无可非议。"金山"敢于先吃螃蟹，无异于虎口夺食！"香蕉"岂愿拱手相让，力争客源犹如饿虎扑食。"金山"独在异乡为异客，与虎谋皮，谈何容易。

曾经人来车往的"金山"已人去楼空。多伦多的华人大有兔死狐悲之感。这么多年来，“金山”与华人的生活休戚相关。一位吴姓的朋友黯然地说，刚到多伦多，我租赁的住房就在唐人街。友人带我购物的第一家商场就是金山超市……后来，“金山”的鼎盛让人刮目相看，深受鼓舞……岂料，“金山”成了昔日黄花，无论你用“淡出”、“关门”、“破产”等词语来概括都行，“金山”确实是倒了，这是我们不愿看到的残酷现实。

常言道，胜败论英雄，不过，我认为“金山”虽败犹荣。是它，敢于率先冲向洋商的丛林并左右开弓，是它带领多伦多华人商家，冲出唐人街，从龟缩华埠冲向了全城。

如今时过境迁，许多年以后，或许再没有人会记得曾有4家“金山”在与西人超市的抗衡中败北，不过，从积极的意义上来看，华商冲出唐人街绝不会因此而偃旗息鼓。相反，“金山”则成了华商在异国商场敢于挥戈西进的一个里程碑。它拓宽了华人经营超市的思路：商家所要重视的不单是货品本身，还有高品质的服务和优雅的购物环境，而且要不断出现新的创意去吸引顾客……继它以后，在类似淮海路的央街的闹市地段，一家深受西人青睐的咖啡馆易主，入主其店当老板的并不是他们的同乡，而是曾在其店打工的上海小浦东；在被誉为加国金融中心的卑街，一家专为金领和白领服务的中型超市，其股权竟然被来自中国内蒙的一对夫妇买断；这两年，规模大于“金山”的大统华超市已经有两家能和主流超市媲美的新店相继在唐人街以外的地区开业，“大统华”既能取西人超市之长，又精心供应东方特有的商品，因此大受欢迎。眼下，他们并不因为“金山”败走密西沙加而望而怯步，相反，明知山有虎，偏向虎山行。就在“金山”敲响丧钟的几天后，媒体披露，“大统华”将在密西沙加实施新的扩展计划，在华人眼里，这是中国超市在密西沙加的东山再起！

我深信不疑，越来越多的华商会步“金山”后尘，在艰难跋涉的商战中，勇于开疆夺土而前赴后继！而且必定会在异国的主流商区落地生根，开花结果。因为，不论在经营理念，经营管理，经营策略，人力财力等方面，华商羽翼渐丰，由猫变虎，而且越来越多的华人的消费观念已从负担型转为享受型。

可是，我越是充满信心，忧虑却越发加重。一旦华商在多伦多打开了新的天地，那么历经沧桑变迁的唐人街会不会不复当日的繁荣，就此销声匿迹？

一位华裔社会活动家说：唐人街的特别之处在于历史长，并具有纯正的中国本土特色。这不仅仅是它与华人的生活密切相连，而是与华人之间永远维系着一种难舍难弃的情结。所有漂洋过海生活在异国他乡的炎黄子孙，也许他们的信仰、政治观点各有不同；也许在语言、生活等许多方面融入了当地社会，但却在思想、文化等方面牢牢地保持了中国传统。他们“洋装虽然穿在身，我心依然是中国心”。他们都有同感，只有来到唐人街，看到、听到并闻到的才是纯正的东方气息：各式月饼的上市，提醒羁旅他乡的人，中秋节快到了；迎财神、逗狮子、舞长龙、燃放焰火爆竹……使海外游子在异乡客地感受到了春节的气氛……唐人街始终在华人的心中占有重要的地位，不管它萧条也好衰败也罢；不管它遭人冷落被人嫌弃，它一定会重振雄风。

李贵先是华盛超市的老板。就在金山公示倒闭的第二天——8月8日，他向媒体宣布，“华盛”已接手永顺超市，9月9日重新开张后，将成为北美最大的少数民族的超市！

这是继“大统华”逆风展翅后的又一个异军突起。正在沮丧的华裔族群无不欢心鼓舞。是因为买中国货又有了一个好去处？不，华商不甘愿失败并决意继续奋进的拼搏精神对每一个漂泊天涯的移民是一种极大的鼓舞。

在我打电话向李贵先祝贺时，我谈到了自己对唐人街的情结以及那位社会活动家的见解。李贵先不胜感慨地说：“离开唐人街的任何一位华商，决不会一去不返，情断意绝。我们冲出唐人街就是为了重回唐人街。一旦力所能及，我一定会与志士同仁齐心合力，把浓缩历史风貌，具有中华文化特色和浓郁乡情的唐人街重现在华人面前。”

李贵先的肺腑之言，也是每一个华人的期盼。诸多华商——不论是早期移民，或来自大陆、香港、台湾——凭着灵敏的商业嗅觉冲出唐人街，但他们骨子里流的还是中国人的血。他们即使纵横商海千里，也绝不会忘怀独具风情的唐人街。他们一定会衣锦还乡，异域的家园一定会被重建，域外华埠一定会形成旧的唐人街与新的唐人街互为映衬的别样风景。

唐人街啊唐人街，你永远是华人的唐人街！

“情人楼梯”

蒙特利尔是一座古典与现代交织的城市。那具有震荡肺腑、融化灵魂的气势与力量的圣母教堂使我想起了巴黎圣母院；置身洋溢欧陆风情的圣劳伦斯大街仿佛走在香榭丽舍大道；1967 年世界博览会标志性建筑 48 层十字形大楼，令我想起设计大师贝聿铭；在大于比萨斜塔 3 倍的奥林匹克体育馆斜塔前我高兴地拍照留影，17 公里长地下城的辉煌灯火使我无法相信已身处 5 米至 15 米的地下……还有，一种美其名曰的“情人楼梯”也给我留下了深刻印象。

蒙特利尔素有小巴黎之称。居民多数是法裔族群，讲的是法语，过的是法国式的生活，一切需用文字作标示的标牌都采用法文。在游览中，友人提醒我注意这儿的法式住宅与安大略省的英式住宅有什么区别？魁北克省是法裔后人，安大略省是英裔后人，至于区别我看不出有什么异样。都是小巧精美 2 层或 3 层的欧式别墅，有的嵌入绿荫丛中、有的散落在如茵草坪……友人要我们仔细观察。经反复打量，方才发现，每幢小楼后面都有露天楼梯，有的是曲尺型、有的呈螺旋状、有的倾斜，与楼上主人的卧房相通。我非常纳闷，小楼并不高，样式各异，多美！“节外生枝反煞风景！”“不，锦上添花。”“瞎扯，是画蛇添足。”友人笑言我不解风情。此地居民比法国人还要法国人，即使是初次见面，第一句话常说“离家那么久，不怕老婆跟别人幽会”。这和楼梯有什么关系？他语出惊人：楼梯是专为情人幽会而独辟蹊径。笑话，哪有明目张胆地为偷情而标新立异？友人风趣地说，加拿大有一句顺口溜："挣邻居美金，娶印度太太，住法国洋房，吃中国美味，开日本车子。"此话我早就耳闻，许多加拿大人到美国去挣钱，印度老婆百依百顺，中国菜独领风骚，日本车满街跑，至于为什么偏要提出住法国房子？我不知其所以然。友人似乎看出我的疑问，娓娓道来：一则笑话说，英国男人喜欢和马说话，德国男人愿和狗聊天，意大利男人驾跑车最来劲，而法国男人最喜欢和女人调情。见我饶有兴味地等待下文，他不紧不慢道出了原委：据传，这儿的人已形成一种风气，只要丈夫或妻子外出，便会约请相好来家寻欢作乐。一俟丈夫或妻子突然回来，为了避免情敌之间面对面的尴尬，偷情的人便可从后面的楼梯悄然离去。这一既可使纵情风流的情人高枕无忧，又可在不测时为保住脸面而留后路的楼梯，也就被唤作"情人楼梯"。

情人楼梯

我玩味着，若要偷情，必定是私下幽会，行踪秘密，那有把见不得人的勾当暴露在光天化日之下。友人一言以蔽之，这就叫法国式的浪漫。他们把拥有情人看作就像有工作有成就一样重要。人人拈花惹草，彼此坦然面对，“情人楼梯”不是起到了“情场添花”的作用。

有伤风化的“情人楼梯”怎么会恣意无忌地安置在大庭广众？

友人解开了我的困惑。其实，你想想有些少数民族特有的风俗，也就可以释然了。任何一种习俗，当它形成了一种风尚，并被人们所接受，即使它有悖于常理，但也能合理地存在下去。

我玩味着他的话，不禁想到那次在火车上的奇遇，觉得友人所言也许不无道理。

上次我从多伦多乘火车到蒙特利尔。宽敞舒适的车厢仅有十几个乘客。一上火车，我就闻到一股淡雅醉人的香水味。法国人说，香水能预告一个女人的来临，也弥补一个女人走后的空虚！举目寻香，香味是从前面几排一个女郎的身上散发出来的。与她隔着过道的座位上坐着一个男士。从他俩分开坐的架势看，也许并不认识。不知什么时候，他俩已坐到一起，又是接吻，又是拥抱，从那无法抑制的冲动可断定，他俩必定是一对热恋中的情侣。火车到站后，这对恋人没有作别就分道扬镳。在出站处，女的忘情地投人拿着鲜花的另一男士怀抱，男士抱起迎向他的女郎，转了一圈又一圈……

我傻眼了，难道刚才他俩是逢场作戏？法国女人在信纸上滴上香水，成了无字情书。因为香水比墨水还能传情达意，而我亲眼目睹的一切，表明用香水来传情达意似乎已成了多余的矫饰。我想，他俩既然可以一见生情，纵情狂热，那么家家都有“情人楼梯”也就不足为怪了。

友人坦言，这儿的“情人楼梯”虽然目不暇接，但真正起到“情场添花”作用的是少数。其实许多楼梯仅仅是摆设，是追求一种时尚，一言以蔽之，这就叫法国式的浪漫，但不管怎么说，蒙特利尔是一座浪漫而风流甚至奢华的城市。被世界公认为北美的浪漫之都。

邂逅天体

朋友告诉我，如果你到了魁北克，很容易就能感受到那种超乎巴黎的放荡不羁和北美式的浪漫。

抵达魁北克的翌日清晨，正当我沿着北美唯一一座城墙漫游，猛然发现去新市区的路边的行车道上，一对前后骑在双人自行车上的男女居然会赤身裸体！我惊讶得瞪大了眼睛。是幻觉？不，他俩有说有笑，旁若无人。这次邂逅，我除了惊讶还是惊讶。岂料，随后的几天中，在和煦的阳光下，不论在旧城或是新城的湖边，草坪，树林，小径，不时可看到脱得一丝不挂的男男女女。有的舒身仰卧草地，有的在湖畔轻歌曼舞……这些喜爱把自己暴露无遗的人，谁也不会因自己赤身裸体而感到不自在。我还发现，本地的人个个视若无睹，唯有外来的游客，对这种难得一见的，多姿多态的人体展览惊讶之际无不想饱览胴体，但又羞于正眼注目，只得偷觑窥视。

这使我想起在温哥华的天体浴场。不论老少，不论男女，个个赤露全身在浅水区嬉水漫步，在海中击水畅游，或在沙滩上尽情享受日光浴……远处的山坡上，树丛中，有无数穿戴整齐的人在望眼欲穿：有的目不转睛，有的目光迷离，还有人装得不屑一顾却两眼乱转……尽管因距离远所看到的仅仅是模模糊糊的人影，他们还是看得津津有味，久久不肯离去。其实，裸体浴场对所有的人都敞开大门，观望者完全可以自由进入浴场与裸体者溶为一体，可是，浴场有一则规定，凡衣冠整齐者不准入场，也就是说，若要进场就要脱得赤条条。这可难为了我们这既想宽衣解带又羞于为伍的东方人。我们一行，何尝不想跃跃欲试，但就是没有勇气越雷池一步，只得望裸兴叹……其中有一位大言不惭地说，何必羞羞答答，既来之则安之，老外能脱我们为什么不敢！有人讥笑他不过是嘴上摆谱。他斩钉截铁地说，“我就敢脱！”大家见他心血来潮，先是惊讶，转而雀跃欢呼并簇拥着他来到天体浴场的入口处，正当大家夸他勇气可嘉时，他刚刚伸出的脚却突然缩了回来，吱吱唔唔地说，“既然大家一起来的，干吗非得由我第一个吃螃蟹。要脱大家起脱，再说，今天不脱下次还是有机会脱的。”说完，他扭头就走……

在魁北克却可以近距离打量裸体者。一个接一个，一批又一批的裸体者出现在面前，确实吸引了我们东方人的眼球。尤其那些含有法国或北欧血统，体态娇小玲珑的女郎的裸体，跑动时调匀蠕动的乳房，伫立或躺着时曲线美妙的身姿，确实美不可言。有一次我在林中小径与 2 个只穿旅游鞋，正在散步的女郎狭路相逢，我既尴尬又无处回避，没想到她俩竟然潇洒地向我挥手。这一友好表示，使我鼓起勇气与之招呼并不好意思地投去一瞥。见她俩没有丝毫反感，就大胆地仔细打量，她俩大约 30 岁左右，也许看出我目光中包含的是欣赏而没有贪婪，便高兴地摆出愿意承受我观赏的姿势。朝霞映照在她俩的玉体，顿时，人体与自然相互映衬，织成了一幅我眼中最美最美的画面！如果我是画家或是摄影师，定然会把这瞬间的美态变成永恒！

与友人谈及这次不期而遇，友人不以为然地说，裸体就是为了展示人体的美。只要探寻的目光没有一丝邪念，姑娘们是乐意被人欣赏的。她们认为，人的身体是上帝最佳的杰作，尤其是美丽的女体，是上苍赐予世界最美丽的永恒美态。因此，一些热衷于裸体活动的人，还成立了裸体爱好者协会。

这是我未曾想到的。经查证，方始了解裸体运动源于古希腊。

当时的人认为，人体是自然界最美的事物，是人类显示自信与自豪的最好载体。于是，他们不仅在体育活动中和节日庆典中裸体，而且还用各种艺术形式来表现和赞美人类的裸体。这种观念一直延续到古代罗马帝国后期。在中世纪，裸体观念被禁绝。到了文艺复兴时期，裸体风潮在欧洲得到发展，并于20世纪30年代传入北美。

亲眼目睹了各种场合的男女裸体，我有了切身体验。聚众裸体有时弄巧成拙；老的皮肤打皱，胖的赘肉成堆，瘦的皮包骨头，唯有女性，年轻的女性，作为天地间最完美至高无上的形体，是任何其他物体无可媲美的！然而，同样是女性，尽管脱衣舞娘不少是在读的大学生。当彻底展露的一刹那，她们的裸体也有着惊艳之美。可是，各种风骚诱惑的裸姿，放浪意淫煽情的表演，除了低俗的性挑逗已别无美感可言。恕我直言，她们的灵魂则需要上帝的拯救。

我虽然从道理上懂得了裸体爱好者的行为无可非议，但是，若要我脱光衣服去回归自然，我绝不会随波逐流。试想，如果大街上，商场里，办公或宴会场所，人人赤身裸体，这还有什么文明可言？……

河流变窄的地方

圣劳伦斯河从尼亚加拉奔泻 800 多公里，与圣查斯河交汇的河面突然收缩；印第安语把“河面变窄的地方”叫作“魁北克”。魁北克是北美最古老的城市。市内用砖石铺成的兵器广场上，矗立着尚普兰的青铜塑象。他是 1608 年从欧洲来到这儿的第一代法国移民。当他站在喇叭形河口的顶端，发现陡直的河岸犹如一座天然的堡垒，便立即决定就地建城。上城建在山岗上，下城建在峭壁下，房屋都是体现法国中世纪格调与品味的尖顶建筑。400 多年前建造的北美唯一一座城墙围着上城。城墙外已建起了新城。

100 多年前，英国作家狄更斯来访后写道：这个北美的直布罗陀，给游客留下的深刻印象是，令人头晕目眩的高崖，仿佛悬在半空的城堡，风景如画的街巷，和不时映入眼帘的壮丽街景，所有这一切都是独特的和永远难忘的。直到今天，他的评语仍然是贴切恰当的。

芳堤娜古堡大酒店建于 1892 年，是一座典型的法国文艺复兴式建筑；宽阔的铜制斜坡大屋顶和塔楼、典雅的深红色砖墙，高高地矗立在圣劳斯河河畔。富丽堂皇的大厅里，贵宾簿上罗斯福、丘吉尔、英女皇和宋美龄等贵宾的签名，扣动了我的心弦，引发我穿越时空：第二次世界大战期间，当欧洲与中国的国土惨遭法西斯铁蹄的蹂躏时，英国首相丘吉尔和美国总统罗斯福，加拿大总理金和中国的宋子文于 1943 年和 1944 年在此会晤，共谋组成反德反日同盟，作出了盟军在法国诺曼底登陆，开辟欧洲第二战场的决定。古堡大酒店因对历史进程发挥重要作用而扬名，被视为魁北克的象征！

濒临圣劳伦斯河的魁北克城堡大酒店

酒店外有宽阔的长堤，秀丽的凉亭。不管白天或夜晚。长堤上尽是凭栏观望沿河风光的游客。彩色太阳伞下的咖啡座，各种肤色的游人在喝饮料，吃黄油面包或是炸薯条。街头到处装饰着散发法国古城魅力的喷泉，花坛和人物雕像。居民多数是法国后裔，至今仍用法语；交通标志商店招牌，也无一不是法文。街上不时缓缓驰过古老的四轮马车，让人自然而然地联想起松提马缰，按辔徐行的法国骑士……

我乘缆车直下悬崖来到下城。看着皇家广场上法王路易十四的铜像，似乎悠悠然进入遥远的过去。连结广场的几条石板小街，最窄处只有两三米，弯弯曲曲，两旁的老屋还保持着17、18世纪的原貌：石块外墙，铅皮屋顶，上有突出的天窗。底层罗列各式小店：礼品店、古董店、画廊……商店的招牌依然是18世纪的式样，并用古体法文书写；这些颇具法兰西遗风的店铺，既供观光又经销商品。游客或徜徉在街道上，兴致勃勃地选购各种商品，或坐在路边的咖啡店、餐馆里，喝着咖啡，品尝法国菜……再现旧日原貌，恍若置身于法国古城。

在上城城东南，我越过内外双层的花岗岩城垣进入战场公园。花径草坪、树丛垒石穿插于营房、了望塔和练兵场之间。英法殖民者曾经在此争逐了151年。1759年一个月黑风高的雨夜，法军凭借天然屏障拒英军于峭壁之下。英军在沃尔夫将军的率领下，利用一条隐蔽陡峭的崎岖小路奇袭山头并登上了峭壁。法军统帅蒙卡尔姆犯下了一个致命的错误，没有将部队带到固若金汤的城堡坚守城池，而是倾巢而出与英军决战，史称亚伯拉罕平原之战。结果全军覆灭。沃尔夫将军三处负伤，于破城翌日不治身亡……1763 年双方签定了巴黎和约，法属魁北克成了英国殖民地。血流成河的平坦草地，最早是亚伯拉罕牧人放牧牛群的地方。1820 年英国人历时 12 年在此建成金刚石海角防御工程。1827 年，魁北克人在古堡大酒店旁的总督花园里为这两位将军建立了一座方尖型纪念碑，纪念碑一侧写着蒙卡尔姆的名字，另一侧写着沃尔夫的名字，中间是一段拉丁文碑文："英勇给予他们共同的死亡，历史给予他们共同的名望，后代给予他们共同的纪念碑。"后人为了祈求和平，便在这一古战场遗址开辟成战场公园。

我在迷宫式的炮台中嬉游，我在曲折蛇行的壕沟里漫步；我一边近观七角形星状的坚固防线，一边徐步来到要塞的最高点，风从城堞中吹来，水在断崖边涌过，脚下，高可攀天的险岩就是河岸，身后，几十门大炮，居高临下，扼河道咽喉。"魁北克要塞"名不虚传，确实是"美洲的直布罗陀"。然而。要塞还有一字排开的大炮对准着市区。据说是为了对付法裔民众的暴动。

魁北克是北美法兰西文明的摇篮。谁能想到，法裔族群在这遥远的北国，在炮口下，由于尔絮纳修道院 300 年前点燃的，经年未熄的长明灯相伴，用重彩浓抹创造出——北美堡垒式殖民城市的完美典范——属于自己的文化家园！

沉醉雪迪克鱼港

汽车穿越起伏的山丘，优美的河谷，终于驰近了色泽鲜明，栩栩如生的巨型雕塑。

爱德华王子岛上的龙虾雕塑

雕塑长 10 米，宽 4.5 米，高 1.5 米。雪迪克的村民出于对龙虾的喜爱和一种情不自禁的自豪，在村口建成这一气势不凡的巨雕，雪迪克是一个小小的渔村，却是国际上著名的“龙虾之都”。龙虾被誉为“海鲜之王”。雪迪克出产的龙虾，体大肉厚、汁多鲜美而闻名于世。

鱼村或现代或古老造型各异的2层小楼，都漆着各种不同的颜色：屋型如倒扣的船身苍颜斑驳，墙面上大海的波纹是蔚蓝色，栅栏形似鱼网闪着古铜色的光芒……各种建筑的每一个细节和色彩无不透露出这里的渔民，热爱大海，以海的方式生活着……

鱼港多的是咖啡店、酒吧、小餐馆。切达奶酪强烈的奶香与家制糕点的甜香混和着鱼虾的海味弥漫在空气中。街上，小贩在铁锅里煎着大比目鱼和手切薯条；在酒吧，渔民一边唱着淳朴的渔歌，一边喝着当地的啤酒，还不时把啤酒从吧台一边推滑到我面前；他们乐于和游客攀谈，会绘声绘色地告诉你当天的新闻，比如捕到了4.2磅的大龙虾……那种无所顾忌地放声欢笑，使每一个外来客很快融入他们的快乐中。

入夜，海滩上燃起熊熊篝火，就着火光品尝各种手法烹调的龙虾，每道皆是肉质鲜美的珍馔。我选择了“盐水龙虾”，剥壳即食，原汁原味，又鲜又嫩！再喝上龙虾壳熬制成的海鲜浓汤，其味鲜美无比！

清晨，随着一大群海鸥七嘴八舌的尖声乱叫，夜晚出海返航的渔船相继泊岸，鱼港的心脏——码头——就此开始跳动：渔民忙着从船上卸下新鲜的鲑鱼和龙虾；系上围裙的渔妇把一只只张牙舞爪的龙虾从笼中取出……在热闹欢腾的场面中我体验到丰收的喜悦。

雪迪克濒临加拿大最东端的海岸。上了游船，我尽情欣赏沿途的海岸风光：群鱼、鸟儿、海岛、嶙峋的峭壁、广袤的绿色森林……海滩和崖岸上，群集丛生或零星散落的“石雕”，与有丰富海蚀地形的台湾地区野柳岩属同类地质景观。大西洋和太平洋，虽相隔万里之遥，两岸的顽石劣土，在海浪、雨水和风的侵蚀下，可雕可塑，被造就成千姿百态的奇岩怪石。

岩石的奇特造型虽美，惊涛拍岸的喷水奇景更是美不胜收：海浪冲激礁石，海水从岩缝石孔喷射而出的水柱高低错落，形成大大小小的喷泉；下泻时又势如瀑布，声势宏大，水花飞溅；岸上，丛林云雾弥漫。这是众多温泉的蒸气所形成。日光照射下映现出七彩斑斓的彩虹。

出港湾就是烟波浩淼的大西洋。纵目搜索，红色浮标目不暇接，却不见在海水中遨游的龙虾。据说，龙虾不像三文鱼洄流时原形毕露，也不像鲸鱼喜露峥嵘，它乐于生活在海底，喜好在晚间出洞穴活动。

如何捕捉龙虾？在木条做成上下两层的笼子的上层开几个洞并吊上用鱼、虾做成的诱饵，然后把有红色浮标的笼子沉入海中。龙虾闻腥爬进上层就从活动木板掉入密封的下层。运气好的时候，一笼一次能捕 10 个甚至 20 个龙虾。海面上许多红色浮标，其实是虾笼的标志。

游船驰回海湾，充满野性的海岸风景与雪迪克鱼港独特风貌再次呈现在眼前，我想，这种互异其趣的绝色美景，因没有被过度开发，才纯粹得如此令人沉醉！

惊艳绝伦的死亡之旅

在加拿大的西海岸，有一条盛产三文鱼的河，那就是亚当斯河。

亚当斯河畔的三文鱼雕塑

河里的鱼，成千上万，浩浩荡荡，几十公尺宽的河道被鱼群拥塞。

枫叶红了，亚当斯河也红。碧水成红流，是枫林的倒影，抑或朝辉夕照的反光？不，是被三文鱼映红！

三文鱼是一种较广分布在北半球高纬度地区的冷水鱼类。先在河流湖泊中孵化并生活了一两年才游向大海。在太平洋生活的数年中，约80%被捕捉，成了人类餐桌上的佳肴。侥幸漏网的300万条鱼，被深藏其体内一种神秘基因所催动，从阿拉斯加冰冷的海域，踏上回到内河的千里征程。令人不可思议的是，一进入淡水水域，鱼头变绿，鱼身变红。雄性的隆起背部，雌的则孕育了 4 000 颗鱼卵。鱼嘴则因慢慢变成钩形而不能进食。十七八天的游程不吃不喝，全靠体内脂肪中储存的能量，以及银色鱼鳞渐渐退化成的养分。

在它们的生命里，对出生地有着怎样的情结，人们不得而知；千里迢迢的认祖归宗却不迷路，也是未解之迷。至于四年轮环一次往回寻觅的奇观却令人十分震撼。

河水翻腾，红涛起伏，这不是风急浪涌，也不是潮起潮落，是成群结队的三文鱼遇阻跳跃而搅得河水沸腾；是夺路扑腾而激起浪花四溅。在由低往高洄游的艰难历程中，能轻骑过关的少而又少，因为每时每刻都得冲过激流，绕过礁石，穿过枯枝的缝隙，躲过漩涡的吞噬，争脱浅滩的搁浅……还须随时提防低空徘徊的苍鹰和在河边觅食的黑熊。若遇树木倾倒而形成的水坝，无翅无脚如何腾空飞越？孰料，一批又一批玲珑弯曲的红色“飞鱼”，穿梭于波涛之上，闪烁于水天之间，又凌空跃上一个又一个大坝。那种充满动感的美，惊艳绝伦！

不少无法逾越而被弹了回来，或被水流冲向远处的弱小之躯，并不颓然沉溺，反到以拼死一搏的勇气，接二连三地纵身鱼跃，纵然跌撞得遍体鳞伤，绝大多数还是窜上了更高的水域，继续激流勇进。

在这充满活力的冲刺中，尚有不计其数的三文鱼因力竭而亡，或撞石毙命！昂扬回归，充满憧憬，却踏上了不归路。更叫人揪心的是，河水被流淌的鲜血浸染得格外浓艳，而后面的鱼群迎着漂流而下血肉模糊的浮尸，却无惧无畏，不改初衷，在血色红流中活蹦鲜跳地前赴后继。我被震慑住了，这是何等悲壮又何等的感人！

罗海布郎省立公园内的亚当斯河，流经欧垦那根山谷的 12 公里浅滩水域，清流澄澈，卵石可辨，人可涉水而过。河的四周浓荫环绕，充满原始自然情调，这儿的水土保持及水温极适合产卵。

一路搏击而来的三文鱼，急欲配对并为争夺最佳的产卵点而彼此争斗，似乎已忘记了曾经共同经历过的坎坷与伤痛。雌的喜欢选择在流通的水域，用尾巴奋力拍打河床并于砂砾中挖一个浅盘形的洞穴产卵。雄的一面在上面射精，一面赶走其他来犯的同类。当成双成对合力将卵洞覆盖后，又马不停蹄地接着往上游，并重复争斗和产卵的过程。等产卵完毕，便像片片枫叶，娇柔无力地搁浅河滩，或绝美无声地漂浮在水面上，完成生命的周期之旅。

我恍然而悟，三文鱼义无反顾的逆行千里，也许是对故土的眷恋，但真正的使命则为了繁衍后代并以身相殉！

废墟上的花园

维多利亚是北美有名的花都。市内有多处令人流连忘返的公园。其中“布查特公园”是世界著名的第二大花园。

布查特是私家花园，园中有园：有按古罗马宫苑设计，以喷泉、雕像等突出意大利园林风格，并有在五月盛开的5万多株郁金香的“意大利花园”；建有日本式避暑小屋，植有数百棵日本樱花、罕见的西藏蓝罂粟、绣球花、枫树和翠竹的“日本花园”；在幽香扑鼻的“玫瑰花园”，五颜六色的玫瑰有的攀岩而生，有的被编成花篮挂在空中，此外还有各式造型的拱门和爬满青藤的凉屋。然而，最令人迷恋的是“下陷花园”。

“下陷花园”与古代世界七大奇观之一的巴比伦“悬空花园”相反，一个呈梯田形向上发展，一个向下深陷。当我走出古木参天的林中小道，豁然面临深谷，俯视谷中，绿草鲜美，修剪得平整的草坪，东一块西一块，就像绿色的拼图，镶嵌在万花丛中；花卉杂陈，不是各个品种的鲜花参杂成景，而是一种花卉大量集中在一起，东边一片姹紫，西边一片嫣红……从上到下的石级不是石块垒成，而是水泥沏成。看似木制的栏杆也是水泥制就。拾级而下，四周峭壁如削，蔓生的青藤像天鹅绒帐幕把峭壁覆盖。凹塌的谷底花径纵横，流水淙淙。连盆挂起的红玫瑰环绕石柱盘旋向上；波斯菊、紫罗兰簇拥着小木屋烂若抱锦；水泥棚架悬吊着几百盆各种颜色的海棠，海棠球茎成团，大如牡丹芍药，叶如翠羽，油绿生辉，蔚成一片花海……真是万紫千红翠绿，馥郁缤纷娇艳。

令我惊讶的是，在这美不胜收的景色中却高高矗立着一座烟囱在青藤蔓生的峭壁上，几十平方米的石灰岩暴露无遗。烟囱陈旧残破、被剥落的石灰岩像狗啃似的凹凸斑驳，我十分纳闷，布查特公园是经过精心设计的，从园中奇花异草的布局，溪流山石的巧设，通往一片汪洋的西太平洋的幽幽曲径……无不显示了设计者的匠心独用，如此高手怎么会留下大煞风景的遗憾？我不相信这是拙劣的败笔，一定隐含着某种寓意。事实正是如此，那两处恰恰是历史的遗物。

“下陷花园”原先是开采石灰石的大石坑，其他 3 个花园是水泥厂。矿主布查特是加拿大水泥业的创始人。石灰石开采殆尽，水泥厂就此停业。若此时布查特弃之而去，也无可厚非。布查特夫人面对坑洼重叠，窟窿遍布的废墟却不愿一走了之。她突发奇想，要变废为宝，把满目疮痍的废矿建成美丽的花园。她亲自带头把残石垒成花坛，搭成花床；她设计园林，布下花种；她用非凡的决心，指导工人从谷顶用绳子吊下去，在灰暗的石缝中种植常青藤……功夫不负有心人，被挖空的一座山，被糟蹋的一片地终于焕发了青春，成了一个人见人爱的百花园。

开园之初，布查特夫人乐意给游客送上茶水。有一次一位绅士试图给她小费，她婉委地说：“不用，谢谢先生，布查特夫人从来不让我接受任何东西！”

一百年前的布查特夫人也许并不懂得保护环境的重要性，但她钟情美化废矿绝不是附庸风雅。她为能把这一花园奉献给公众而感到无限欣慰。

工业生产破坏了自然环境，布查特夫人将功补过，化腐朽为神奇。我想，时光虽可流逝，但她美化家园的执著和激情就像艳美的花朵永远不会凋谢。

欢乐的鬼节

距万圣节尚有月余，商场已洋溢着节日的气氛，货架上摆满各种骷髅和鬼怪禽兽的面具、服装，以及有骷髅图案的各种酒杯、餐具和摆设。前来选购的顾客络绎不绝。有些年青人或儿童戴上狰狞可怖的面具，穿上妖魔鬼怪的特制服装，或在货架间浏览，或在尽兴选购饰物。突然，一个呲牙咧嘴的恶鬼与我相遇，吓得我瞠目结舌；蓦然回首，不觉悚然而惊，张开血盆大口的老虎对我露出了獠牙……在这种既怪诞有趣又令人生畏的环境中购物，我惊魂不定。女儿说，她第一年也提心吊胆，现已习以为常。

选购物品时，我与妻子和女儿产生了“矛盾”，她要买一只骷髅灯笼，我们说不吉利；她欲买一付尸骸，我们执意不从……最终女儿任我们取舍，我们左挑右选为外孙买了一套蝙蝠侠的面具和连裤装，还有一长串彩色跳灯。女儿买了两箱糖果，共有 240 包。我们不理解，为何买这么多？

在西方，11 月 1 日是万圣节，俗称鬼节。鬼节前夕之夜，天堂的门敞开，所有死去的鬼魂将出现在人间，四处游荡。人们延续古老的风俗，大人小孩扮成魔鬼精灵之类……北美人说，鬼是人的生命的延续，并不可怕。鬼节逗乐是为了欢庆亡灵升入天堂。

临近鬼节，社区日见阴森可怖。家家的前花园除了张灯结彩，有的筑起数只坟墓，竖立墓碑，俨然成了一个墓园；有的放置一口棺材，还挂一付白骨；有的在门廊挂着骷髅灯笼：把篮球那么大的南瓜挖空，里面装上灯泡，表皮则雕刻成鬼怪的模样；有的把南瓜骷髅灯笼垒成几公尺高的宝塔，到了夜晚，灯光放亮，百多只“骷髅”虽触目惊心却异常好看……据说南瓜灯可以驱邪，它成了万圣节的象征。

开初，这些景象即使在白天看到，也令我毛骨耸然。见得多了，何况不论到何处，触目皆是“妖魔鬼怪”，我的惊骇渐趋释怀。

孩子们自己设计制作的服装

鬼节之夜，即小鬼玩耍，大鬼犒赏。打扮成各种鬼蜮魍魉的孩童，凡是见到门前亮灯的房舍，就沿门挨户喊 trick or treat，即“吹克哦吹特”，意思是若不给糖就捣蛋。那晚，前园的彩灯刚亮便响起了敲门声，女儿欣喜地说，小鬼来了。一开门，4 个戴着魔女和海盗面具的小鬼有叫有喊：“吹克哦吹特”。女儿说完节日快乐，一一吻了他们的小手，再把一包包糖果放入他们的布袋。他们边说谢谢边蹦跳着去邻家敲门，女儿与他们身后的家长颌首互表问侯。不一会，前来索取糖果的鬼怪接踵不止。外孙见状，急忙穿戴好蝙蝠侠的服装，与邻家装扮成卡通小巫女的女孩相约外出。为了照顾孩子，我紧随其后。夜晚一向安静幽暗的小区，今晚家家彩灯闪烁。沿途，到处可见打扮成各种鬼怪的孩子，三三两两结伴而行，恣意地逐门逐户叩门闹鬼。“蝙蝠侠”与“女巫”闯到一户索不相识的人家，尚未叫嚷，门已悠悠开启，出现了一个披头散发，绘着鬼脸，从嘴里伸出血淋淋的长舌的幽灵。我惊得一阵颤栗。两个小孩却毫无惧色，任“幽灵”热情拥抱。见糖果放入布袋，笑逐颜开。“幽灵”对我招手致意。我友好地两手作揖。

我随着“鬼魂”到处游荡。无数绰绰鬼影在夜色中若隐若现：他们嚷着要糖时既淘气又可爱的童声；他们获得糖果后脸上露出满足的天真笑容；“妖魔”与“鬼怪”在路上相遇时，互相打闹发出嘻戏的哄笑声；还有大人面对前来捣蛋的“小鬼”，那种慈爱、那种热情、那种欢快，以及家长与家长之间会心的微笑、友好的招手、热情的飞吻，使我觉得在这群魔乱舞，鬼怪猖獗的寒冷的秋夜，多了几许情谊，少了一份恐惧，得到了更多的欢乐。

个个学生都是花

在北美，最牛的是什么车？美式豪华凯迪拉克、章子怡代言的“梅塞德斯”奔驰跑车、雪佛兰、悍马？不！

最牛的是校车，接送中小学生的黄色校车！

平时早晨 7 点 45 分和下午 3 点 45 分，6 辆黄色的长鼻子校车鱼贯驰入小区，先后停靠 4 个站点。刚停，前车厢两侧便会伸出红色“STOP”的横杆标志，前后车箱顶部也亮起红灯，这都是停车禁令。不管是左车道迎面而来的车辆，或是后面相距甚远的车辆，见状都会自觉停驶。有时，两边的车辆竟然排成长队，静候众多中小学生登上校车。若是学生陆续下车，所有司机都安详地看着孩子们活蹦乱跳地穿过马路。此时，满街静悄无声，时而扬起稚气未脱的银铃般的笑声和歌声，一派详和景象。倘若学生没有散尽，标志尚未收拢，红灯依然闪烁，任何车辆决不会贸然前行。我从各种肤色的司机对学生温馨泌人的礼让中，感悟到社会大众对学生发自心底的关爱。早在 1940 年前，美国已立法规定校车享有法定的特殊路权：学生上下校车时，因年幼，不具备认知危险和识别交通顺序的能力；校车体积宽大，势必挡住车辆及行人的视线。故此，学生在上下校车时禁止后方车辆通行。天长日久，禁例因深入人心而演化成人们呵护学生的深情厚爱。

尽管多伦多的央街车水马龙，当黄色校车出现，后面的车辆如遇

"御驾",决不会抢道或超车。一旦后面响起救护车或警车的急骤的铃声,同一方向多车道上的车辆会顺序变道,跟着校车缓缓而行,由此空出一条畅通无阻的通道。即使汽车蜗行牛步,驾车人的脸上绝无一丝急不可耐的焦燥,而是气定神怡的泰然。可见,不越校车半步,已成了北美人自律的社会公德。校车则成了北美最高级别的特权车。

校车司机还额外承载了善始善终的义务。有一次,大人纷纷接走了下车的自家孩子。一个学生不见父母的身影,邻居愿意代领,司机执意不允。理由是,我虽认识你,但我的责任是把孩子送交他的家人。司机结束行程把带回学校的学生交给老师。北美的小学放学后会留下一位老师,专司照顾有些家长因故不能按时迎回的学生。这样既可避免发生意外,又能安排作业不至于放任自流。老师一定要"完璧归赵"后方可离校。老师为什么甘愿陪同学生久候家人?以身立教,履职尽责。

校车为何是黄色?1939 年,哥伦比亚大学宣布建立国家校车结构标准,定夺校车为黄色,配以黑色的文字。这两种颜色的组合非常醒目,在朦胧的清晨和黄昏具有最高的识别度,有利于视觉区分。

北美的校车是除了坦克以外最牢固的车辆,前后左右都加固了防撞钢梁和特殊的加厚钢皮;车窗安装防弹玻璃,车后有应急出口……经得起任何外力的撞击。在魁北克,一辆房车失控撞上校车,车体支离破碎,车内 8 人 4 死 4 伤;校车仅仅油漆受损,12 个中学生虽受惊吓,却安然无恙。就此校车有了"隐形装甲车"的美誉。一位官员说,关爱学生是当局头等大事。政府所以一掷千金,把校车打造得坚不可摧,只因把孩子看得比天还大!对父母来说孩子是朵花,对社会和学校来说,个个学生都是花!

法规，融化在血液里

十年前，到多伦多第一次外出，车子刚启动，坐在后座年仅 3 岁的外孙叫道，外公，系好安全带。扭头一看，令我惊奇的是，外孙坐在后座中间一只类似摇蓝的座椅上。加拿大的《交通法》规定，乘座自驾车务必系上安全带；汽车行驶时也不准把婴儿抱在怀里，必须放在摇篮座椅里并系好安全带。否则就是违章。所以婴儿出院前，父母务必买上一只随时可固定在汽车上的安全座椅，并交医院验证，如果没有置办，绝不允许出院。这一闻所未闻的举措给我留下了深刻印象。呱呱坠地的婴儿虽然对世界没有任何感知，但在襁褓之中已经受了交通法规的洗礼。

以后全家外出，只要我忘了系安全带，外孙就叫嚷，“外公，系好安全带。”他不仅提醒我，见到红灯亮了，就直嚷停车；绿灯一亮，就叫开车。

一个乳臭未干的小孩，大人行车时的一举一动，他看在眼里记在心里，虽不知其然，却在幼小的心灵中形成了“下意识”的反应。促使这一条件反射的形成，虽然和日常生活的耳闻目濡不无关系，但还是有赖于以间接的内隐的方式进行潜移默化的开导：在阳光明媚的日子，托儿所的老师，常常会带着一群孩童坐在小区十字路口的草坪上，并要小朋友专注横在道口半空的红绿灯，问道，红灯绿灯变来变去好看吗？小朋友齐声回答，好看。为什么要变？小朋友争先恐后地举手，七嘴八舌抢答：是为了管汽车。怎么管？红灯亮了车子要停。绿灯亮了车子才可以过马路……这看似游戏其实是刻意的“隐性课程”。教育局规定，对7岁前的幼儿教育，要把交通法规纳入浅显易懂的游戏之中，通过生动活泼寓教于乐的形式，予以灌输正确的认知。

社区和小学几乎每年要举行一次充满童趣的演练。遵照老师事先讲解的要领并作出的安排，小学生把小汽车、自行车从家里拿到活动地点，有的用可溶性颜料划出行车道、斑马线；有的组装红绿灯、或打扮成交通警察指挥交通；有的开着小汽车或骑着自行车……能像模像样地学大人的一举一动，小朋友高兴得眉飞色舞……事后还乐意遵嘱写活动心得。积极捕捉和创造教育时机，通过情景式的游戏，让学生体验仿效的乐趣，从而激发了小学生的认识兴趣和探索欲望，这样势必产生潜在的影响力，有利于学生朝着社会期待的方向生存和发展。

加拿大的高中生和大学生，都积极投入社会的公益活动。做什么义工？任其自选。不过有一种义工是硬性指派，必须尽心尽职。具体工作是站在路口斑马线的一端，手持可交替变换红绿色的禁示牌，与红绿灯保持一致地举上举下。在别人看来也许多此一举，因为穿越马路的行人都会自觉遵守行路准则。然而，有关部门就是要通过身临其境的体验，来强化即将踏上社会的学生对交通安全的整体意识和整体观念。等到可以进驾校学习法规条文和驾车技术。一条又一条的戒规禁例，唤醒了儿时受过“隐性课程”启蒙教育的感性记忆，这无疑有助于加深了对交通法规的理性认识。当每一个人珍重路权的公共意识逐日升华，并由此嬗变成溶化在血液中的文明素养，当然会创造出良好的交通环境。

驾车上路，礼让在先

不少新移民，原先在国内已会开车，到了多伦多自以为凭籍娴熟的驾车技术，考驾照易如反掌。岂料，十有八九得考上二、三次，甚至四、五次才通过路试。是英语欠佳有碍于学习交通规则？不，考驾照首先是考安全意识，着重点是礼让，这恰恰是新移民的弱项。

对礼让我有切身感受。白天，小区宽阔的主干道上车辆稀少。每当散步到交叉路口，绿灯一亮，倘若对马路有车正欲转弯，我即止步让车。这时，驾车人绝不会抢先而去，而是用手势示意让我先行。空旷的马路上唯我孑然一人，觉得让车子等我实在不好意思，便加快脚步奔了过去。对方笑着向我投来友好的目光，意思是你不必着急，我应该等你。后来知道，司机所奉行的是行人至上的信条。《交通法》规定。在任何情况下都必须礼让行人，决不可抢在行人之前通过道口。与行人枪道，是犯规！会被视作极端没有教养的另类。

在大街闹市，车与人、车与车的礼让也蔚然成风。行车时，一俟听到消防车的警笛，所有行驶的车辆都会迅速按顺序避让到靠路边的车道，空出可供长驱直入的主车道。消防车通过后，等候的车辆决不会各不相让夺路抢道，也不会东突西拐造成塞车，司机更不会探头车窗外大呼小叫，甚至骂骂咧咧……而是有条不紊地相随前面的车辆改道前行。

由此可见，驾校把安全意识和礼让的课程放在第一章，对考驾照的人大有裨益。尤其是“行车时任意占道或有碍其他车辆通行即构成‘阻挡犯规’罪!”这一条款,对任何一位考驾照的人来说,虽然是严规警示,但通过最初的被迫奉行到养成自然而然的驾车习惯,久而久之,也就成为理性驾车的文明行为。

当文明驾车成了一种风尚,它所包含的精神力量,也许看不见摸不着,一旦爆发,那种化腐朽为神奇的力量是无法估量的。2003 年 8 月 13 日,加美因事故停电 12 小时。家家户户伸手不见五指;城内城外一片漆黑。北美陷入了瘫痪。马路上指挥交通的红绿灯也被黑暗吞噬。行驶在路上的车辆也许寸步难行。然而,无数车辆的照明所交织成的光带,使一条条马路成了冲破黑暗的灯的长龙。更加出人意外的是,“长龙”在动,在纵横交叉,四通八达的马路上无时无刻不在流动。黑夜中,没有红绿灯的道路,尤其在十字路口,听不到此起彼落的喇叭声,那么,无数南来北往,东去西来的车辆凭籍什么信号可以井然有序地行驶?殊不知,各不相识的驾驶员,在没有沟通的情况下居然形成了整体默契:先由纵向道路上正反方向各 10 辆车穿越马路,接着横向马路的车辆也是照此通行。该停则停,该开即开,依次轮换,终于克服了没有交通导向标志所造成的险象迭生的混乱。驾车人在灾难降临时所表现出来的应变能力和礼让为先的沉稳操作,使得可能失控的路况不但没有恶化而保持正常运行。有一篇报道作了如下描述:几乎所有的驾驶员都打开音响,播放轻松抒情的音乐,来缓解这突如其来的压力和紧张,使自己头脑清醒,反应敏捷。他们始终牢记从小到大都铭刻于心的那句话:不只对自己和车上的人的生命负责,还要对其他未知的同路人的生命负责。

情迷阿拉斯加

站在邮轮五层客房的阳台近观远瞻，阿拉斯加湾的洋面上飘浮不计其数的浮冰：似耸峙的高楼、隆起的蒙古包、低矮的礁石、平坦的球场……

“钻石”号小心翼翼地破冰前进，若遇到冰排阻塞即迴转或停驻，若是冰山夹道，能通行的则减速缓行，一俟浮冰群聚便另觅蹊径……有的冰山，小如宝塔的尖顶，孰料沉入海中的体积却如大山，身临其境，方能加深理解“冰山一角”的词意。“泰坦尼克号”就是碰撞了“冰山一角”而沉没。

邮船在透着蓝光的冰山中穿行，漂荡的浮冰在海浪中彼此碰撞，静静的海面上不时传来时高时低、时断时续如玻璃碎裂的脆音，余音回荡之际，突然爆响震耳欲聋的轰鸣——那是比篮球架还大几倍的冰体，从岸边的冰川中崩落所发出的巨响，并成了在海面上慢慢漂移的冰山。

船驶近了圆弧形的海岸，放眼望去，夏季的北极圈并非冰天雪地，近处，起伏的群山分外翠绿；远处，白雪轻点山头或山体残雪斑驳；空中或浮冰上，三趾鸥吱吱喳喳在低空迴旋；海鹦，因眼角勾勒黑眼线，貌似中国京剧脸谱，故被称作“海上小丑”，起飞前，一路小跑，模样十分滑稽，它那橙黄的喙及蹼，在空中更显耀眼；全身黑色的鹭鸶，三三两两地栖息在冰块上，张开双翅在晾晒羽毛，而海狮、海豹、海獭时而戏水漫游，时而匍匐冰块……

海獭因满脸的白色腮须被称作“海上老头”，它不像海狮靠身体肥厚的脂肪御寒，是通体8亿根绵密的毛发隔绝了冰冷的海水。为了保暖，每天得用十分之一的时间梳理毛发；也因为体温高，新陈代谢快，更需不断捕食，摄取相当于体重四分之一重量的食物。所幸阿拉斯加海产丰富，鲍鱼、螃蟹、墨鱼、海胆……任其捕食。海獭的胸前有一块肌肉硬如坚石，它把蚌壳放在上面猛击，使其外壳碎裂后取食……

多么有意思的海洋生物，海獭和其他海兽和飞鸟，还有汪洋和冰山，在这地球最后的边界线，在这冷冽的极地所显示的是充满异趣的勃勃生机，并以各自独特的妙姿与高耸的冰川以及流动的冰河，蔚成无与伦比的北极风情。

许多山谷中，积年不化似瀑布一样的冰川，宽及千里，高达数十米，纵深几十公里，是长期降雪所形成的结晶体。尽管是静止的，但那高悬的壮阔、那飞溅的势态、那波浪起伏的雄豪，那前缘坠入海中的坚如磐石，以及在阳光下通体散发着纯蓝的光泽，形成了飞流直下的壮丽和难以言喻的纯净。

“不看冰川不算到过阿拉斯加”。因纽特人的自豪曾令我对遥远的北极圈充满着向往，却怎么也想象不出冰川和冰河是“大自然最伟大的奇景”！更想象不出那冷漠的冰，那单调的冰，居然能营造出既非天上，也非梦中的超凡绝俗的美景！

阳光下，每一座冰山，晶莹剔透的质感令人屏息着迷。如果说湛蓝晶莹的冰川所呈现的是一种凝固的美，那么流淌不息的冰河是固体冰块在流动中所产生的锐不可挡的动感美！冰川消融成的大大小小的碎冰所形成的冰流，从冰崖顺着冰坡下滑，有的滚动奔泻势如破竹；有的飞珠溅玉劲射腾跃……惟有近距离观察，才能感受这有如泰山压顶的磅礴气势！然而，当我看到连续几大块冰体从冰川分离倒塌，不禁想道，为什么会分崩离析？为什么一路上会看到那么多的浮冰？是天热融冰所致？究其原因，一种莫明的惊恐袭上心头。难道这就是人类滥用能源所产生的“温室效应”?!

如今，人类在与大自然的抗衡中，正在改变着生活的现状。酷暑严寒，可坐享空调；出门，以车代步；如果不乘游轮周游北极，何尝能看到如此美妙的景观。可以这样说，正是现代文明的成果，才能使人类享受到多姿多彩的生活。然而，现代文明向大自然的索取已过于恣意妄为，被颠覆的生态平衡终于酿成了温室效应：气候异常，地球愈来愈热，冰川消融，洪水泛滥，大地陆沉……

我忘掉了欣赏北极美景而激动，而兴奋，却陷入了深深的思索中，人类如果再不重视环境的保护，北极的冰川之美将不复存在！各种各样的动物因生态环境的恶化而销声匿迹！地球因此就会遭殃！而人类所得到的就是惩罚。

置身于阿拉斯加翠西湾晶莹剔透的冰川之中

赏枫 宾夕法尼亚

与友人从尼亚加拉大瀑布去纽约，他建议这次不走横跨纽约州的 81 号高速，而是绕行 15 号公路。“改道？”“赏枫！”天气渐冷，枫叶纷纷凋零，况且从加拿大的尼亚加拉到魁北克的千里沃野，才是世界著名的“枫叶长廊”，何以有枫可赏？

15 号公路穿越宾夕法尼亚州的山区。车子一进入高地，我疑虑顿消，谷底峰顶，湖畔水际，农田牧场，到处都是高大壮美的枫树！

林野山山相连，山势平缓，峰高不过千米。驱车起伏蜿蜒却并不峰迴路转的山道，扑入眼帘的尽是或青或绿，黄绿相间，满树艳红，深

美国宾夕法尼亚山区枫树掩映的小屋

深浅浅，层层迭迭，相交相杂，绵延不断的枫林。一路上，忽儿夹道的枫叶发出金子似的黄灿灿光芒，而林中乍现高耸的教堂的尖塔；忽儿满山满坡的枫林像红涛绿浪，一波一波地向前涌去；忽儿五彩斑斓的水面呈现眼前，飘落的各色枫叶在河面上飘浮……多彩的枫林展示了晚秋的璀灿。我被深深吸引，近观远眺，目不暇接。

除了满山红叶的醉人秋色，撩拨我情思的还有那无处不见，绿得迷人的草坪！

山野之地，只要有房舍就有草坪！

房舍造型各异，2 层小楼多半筑在路边小镇或依山傍水；平房高踞半山坡或林中深处。家家依红偎绿：窗前或有一树灿烂殷红的浓荫华盖，或是被间隔稀疏的红中透紫的枫林环抱；房前屋后有花园、花坛，廊檐上吊有花篮，紧靠屋子的草坪，小的大于几个篮球场，大的比几个足球场还开阔。茸茸绿草修剪得平整如地毯，也有的延着坡面高低起伏。青翠的绿茵就像散落在山林中的一块块翡翠，在浓艳的枫叶映照下分外耀眼，给静谧清幽的环境凭添了一份灵秀的鲜丽。屋前迴廊或阳台上放着几把躺椅或靠椅，随意的摆设却显露了山民对大自然美的倾心——远处，从低谷到山岗，漫天漫地的枫林，在蓝天白云的衬托下，如锦如绣，这是一幅多么美丽的图画。山里人家就生活在如画的美景中！

“仁者乐山”，与山为伍的山野村夫，虽远离灯红酒绿的繁华闹市，但也有城里人一样的情趣。距万圣节尚有月余，他们已“蠢蠢欲动”，在迴廊放上几只大于篮球的桔黄色南瓜，以备制作南瓜灯或雕刻鬼节图案。更有心急的人，已在廊柱斜插上有各种骷髅妖魔图案的旗帜。

每一栋住房前的路，不是细砂碎石的山径，也不是沿坡垒石的台阶，而是通向公路的沥青车道。四通八达的公路上车辆时断时续。沿途，凡是商场外的停车场，所停的车辆少则几十辆多则上百辆；每一个校舍外的操场上，有孩童在玩耍嬉戏，有少年在踢足球……离球场或草坪不远，停着数十辆与城市一样的，接送学生的黄色的长厢型校车……校区、商场、加油站，凡是有建筑的地方，就有枫树环绕，绿茵舒展。

车行千里，我丝毫没有疲惫之感。回首遥望山林间的一抹余晖，顿悟此行朝南，去魁北克恰好反向逆行，这正是加美两国的枫叶因温差而先后变色的原因。

纽约越来越近了，时代广场和第五大道定然霓虹闪烁，流光溢彩，而我依然沉迷于宾夕法尼亚山区的林野之美，眼前不断浮现着曾经英姿焕发的一身翠绿，接着浅黄而绛红，随即红遍山野的枫叶，还有那青翠纤柔的绿茵。

嬉水大西洋

有兴前往大西洋城，只因一心向往能跃身于大西洋击水畅泳。

我下榻的泰姬陵宾馆38层，进房打开前窗，放眼四望，惟见碧浪无垠，惟见晴空万里。纵目远瞻，水天相接。大洋上天入地，吞吐日月的气势把我深深震撼！俯瞰近处海岸，纯黄如金的沙滩，平缓地向大洋深处延伸，无数的泳客在沙滩上姿意嬉戏，在浴场中扬波击水……眼前迷人的景色让我忘却了旅途的劳累，赶紧拿上泳裤下楼。

从宾馆后院走过九转八折的木桥，便看到在海滩上有坐满人的

大西洋海滨浴场

露天酒吧。掠过头顶的海鸥，还会飞到吧台上啄食，泳客任其所为。我曾去过两岸三地多个海滨浴场，从未见过海滩酒吧及人与鸟类如此和谐相处，想来这也是美国文化的一部分。

赤裸的双脚踩在细软的沙子上似乎在享受轻柔的抚摸，在沙滩上踩出的脚印，很快就被海水抹平。海水有些凉，海浪一阵一阵扑在脚面上的感觉让我无比惬意。我喜好游泳，下水之情甚炽。况且海浪冲击海岸强而有力的节奏，自由奔腾的意志，呼唤着挑战着我的本能和勇敢的心。老夫聊发少年狂，在浅水区嬉戏一番后，我便向大洋的深处游去。

16 岁时，我在采石矶三元洞下，一个猛子扎进长江，等浮出水面回头一看，已离岸十几公尺。年少气盛，水流如此之快，却没让我有丝毫的惧怕。1975 年去北戴河，如果不是警戒员的再三警示，我不游到外海决不罢休。如今，花甲之年有幸畅泳大西洋，我抑制不住喜悦纵情向前游去。然而，仅仅游了一小程，其实离警示牌还有几十公尺，我已不敢劈波斩浪。是怕体力不支？不仅如此，是望而生畏！这可是大西洋啊，与之相比，北戴河是内海，像个湖。面对水在天上迷途，天在水中失落的这种深不可测，远不可量的神秘，一股悚然而生的恐惧袭上心头。我已无意远游，海水一波波把我向岸边轻推，我顺势游了回去。

我没有躺在躺椅上，而是伸展四肢仰卧沙滩。休息了一阵，便盘腿端坐朝四处张望，泳区里，搏击海浪畅泳的廖廖无几，多的是一群群的人在玩水戏耍；沙滩上到处是躺着晒日光浴的人，有的还浑身涂满沙子，躺在那儿看自由翱翔的海鸟、也有不少在尽兴玩耍的一家人，踩着软绵绵的细沙和贝壳的碎片……一阵又一阵的欢声笑语，不仅驱散了我未能在纯粹的海洋中畅泳的遗憾，也使我深深感受到，人和水的和谐相处是那么美好。

不远处，一艘邮轮正在驶过。不消说，邮轮里有豪华的餐厅、奢华的卧房，还有舞厅、酒吧、泳池……度假的人，一定在纵情娱乐，竭尽享受，把酒问盏，凭拦临风……我有过切身体验，这一切的欢娱，因悬浮在一片汪洋和茫茫天穹之间而给游客带来无限意趣。邮轮渐渐远去，犹如小孩折的“纸船”，纸船会弱不经风吗？任凭风急浪高，自然稳如泰山。然而，不知何故，我想到了“泰坦尼克号”，还居然想到了大海大洋的原始野性，并令我惊惧而心悸不止。

天有不测风云，人有旦夕祸福。当巴厘岛的游客游兴正浓，新奥尔良的居民正在宁静的家园中尽情享受生活的温馨，大海汪洋倾刻间变得桀骜不驯，飓风发狂，海啸肆虐，恣意摧残人类的生存环境，比游轮不知大多少倍的城市，有牢固基础的楼宇，人类美好的家园，一经风袭水淹，覆巢之下岂有完卵——巴厘岛满目疮痍，17 万生灵魂断海难；新奥尔良遭受的近乎灭顶之灾，200 万居民大撤离……

人类在大自然面前居然如此脆弱！眼前平和美好的景象却告诉我，面对大自然一时的肆虐，人类绝不会俯首称臣，更不会丢盔弃甲仓皇退缩，反到因充满着向往而一步一步地勇往直前。如今，巴厘岛的众多迷人岛屿依然游人如织，新奥尔良居民已把破碎的家园建设得更加美好。人类缘何不屈不挠？法国文豪雨果曾过说：“世界上最宽阔的东西是海洋，比海洋更宽阔的是天空，比天空更宽阔的是人的胸怀。”正因为人类拥有比海洋和天空还要宽阔的胸怀，那无论遇到什么灾难，人类所思所想所做的是，问苍茫大地，谁主沉浮？我！我！我！

大西洋蔚蓝色的海水，推起一排排柔涛细浪轻轻拍打着绵长的海岸，细水细流在细沙上细细回淌……我不胜欣慰，能在大西洋嬉水，能在沙滩上走走，能捡拾被潮水冲上来的贝壳，到也不虚此行了。

天堂与地狱同在

大西洋城与拉斯维加斯同以“赌”驰名于世。一个在东部，一个在西部。对赌这玩意我毫无兴趣，来大西洋城是为了观赏大西洋的美丽风光。既然来了，也不妨去赌场看一看，感受感受。

在濒临大西洋的海岸，有一条宽 20 公尺长 12 公里，号称“世界上最长的木板走道”。木板走道的一则，不同建筑风格的饭店（赌场）有 40 多家之多。这里以宝利、卡西诺、沙滩等几个赌场为中心，最著名的建筑是“泰姬·玛哈”。该建筑主楼有 43 层，棕红色，巍峨壮观，顶部伊斯兰清真寺式的尖塔饰满闪闪发亮的人造宝石。这座集阿拉伯风格和现代建筑艺术精华于一体的大酒店耗资 8 亿美元，赌博、消遣、娱乐、演出、拳击、住宿、饮食等功能样样俱全。整个赌场光老虎机就有 7 000 台、大型轮盘赌台 250 台，其他赌具应有尽有。

木板走道真可谓异彩缤纷：一家挨一家各有特色的纪念品商店和小吃店的彩旗迎风招展；黄、白、黑不同肤色的男男女女，穿着各式各样艳丽的衣衫汇成了七彩人流。入夜，华灯齐放，五彩缤纷的霓虹灯把赌城打扮得流光溢彩，大街小巷则多了涂脂抹粉妖艳异常的女郎……

使我深感意外的是，路上居然还有很多的人力三轮车，这和解放前上海的三轮车极其相似，但又有区别，不是由人骑着驾车而是由人推着前行。

木板走道上熙熙攘攘的游人，从各大饭店金碧辉煌的大门进入了灯红酒绿的赌场。各大赌场尽管外部争奇斗艳，各不相同，但内部设施大致相仿，均装饰豪华、设备讲究，围绕一个“赌”字形成的吃、喝、玩、乐一条龙的设施一应俱全。服务生多数是黑人，热情地指引客人到各种不同的赌具前去“娱乐”。大多数人都是怀着“小赌怡情，大赌伤神”的心态去玩“吃角子老虎机”，反正“见识”重于“赢钱”，但重要的是不输钱。若赢了见好就收，即使输了也只是小钱，不过拿一百美元潇洒赌一回。其实这种玩玩而已、逢场作喜的洒脱不过是自欺欺人。当有人见到一元美金金属圆币哗啦啦从老虎屁股泻入钱盘时，一种侥幸的心理迅速膨胀：“也许我今日赌运红火，何不大捞一把。”紧接着虽然一次又一次投入老虎嘴的圆币被老虎吃掉，却不断安慰自己，上天一定会给我好运，一定会的。眼看发财梦已彻底破灭，越输越想翻本的焦急却使其失去理智，赌注越押越高，最终输得一分不剩；有些人开局后屡战屡败，心痛输掉了一百美元，岂肯就此罢手，急盼会有奇迹出现，结果一发而不可收拾……

纸迷金醉的赌场里人山人海，但没有人会大声喧哗，自始自终秩序井然。经仔细观察，我开始体会到一种我的生命中从未见过抑或想象不到的场面：所有押上赌注的人，表情极其严酷，有的手和脚在打抖、有的额头冒出大颗大颗的汗珠、有的咬紧嘴唇扭歪了脸，他们全都瞪大充血的眼睛盯着面前的赌具和筹码……当然，也有人失声而笑，也有人手舞足蹈……那一时刻，不论是不同肤色的人种、不论是男是女、不论是老是少，那种似乎把生命全都押在赌注上，那种盼赢或怕输的对钱的感觉都赤裸裸地写在了脸上！

我被深深地震撼。深感人性因贪婪和投机而变得如此的脆弱和张扬。那么，输也好赢也罢，究竟谁才是真正的赢家？这么一座令赌徒们疯狂的赌城，每天有数千万，或数个亿的赌资投入，有些人一夜就会暴富，上了天堂，当然这少之又少；大多数人会血本无归甚至倾家荡产，下了地狱。唯一的大赢家就是赌城的老板。如果不能大把大把地赚钱，哪一个老板愿做赔本生意。

老板每天究竟赚多少钱，谁都不得而知，但赌客输赢多少，老板却了然于胸。赌客一进赌场，换钱需先刷卡，凡是玩各类赌具也要刷卡。因此你花了多少赌本，玩了多少时间，输赢多少，赌场的电脑里一清二楚。在赌场，赌客丝毫没有隐私而言。

波澜壮阔的大西洋已被夜色吞没，而在夜色中，大西洋城越发显得光彩夺目。而从四面八方汇集来的跃跃欲赌的人们，却被一个又一个赌场吞没。与此形成强烈反差的是整个城市是那么的安静，空旷，马路上除了偶尔响起的脚步声，汽车驰过的响声外听不到什么吵闹声。夜已深了，我漫步在灯火通明的商业大街上。品牌折扣店、珠宝店、服装店……已关门打烊，唯有当铺开门迎客，还不时有人匆匆进出。显然，赌场越是兴旺，少数暴发户必定来商业街挥金如土，至于输光而又不甘心的赌徒，出了赌场进当铺，出了当铺再进赌场，当铺的生意能不红火。据介绍，不少深陷赌博泥沼而不能自拔的赌棍，不惜使用一切手段筹集赌资：向银行贷款、透支信用卡、挪用公款、高筑债台，甚至偷盗凶杀……然后一次又一次地卷土重来，结果家破人亡；更有甚者，因嗜赌成瘾，把百万千万的资产相继抵押了出去，直至身败名裂沦为囚徒……赌场，犹如老虎张开的血盆大口；商场和当铺，仿佛伺机啄食的虾兵蟹将。这正好印证了："城是一座赌场，赌场组成一座城市"之说。

一个经历了彷徨、恐惧与沉沦，并最终走出低谷的赌徒曾扼腕悲号：毕竟赌博是一个百害而无一益的东西呀，不要再拿自己或是家里的血汗钱去买这个教训了，因为所要付出的代价实在太大了！

然而，尽管有不少赌徒想要戒除赌瘾，但欲罢不能。

大西洋城，这是一个充满冒险的"娱乐"之都，是用金子堆起来的浮华世界。令人心旷神怡的海景纵然被观光客视为人间天堂，但是，对那些一夜之间输得倾家荡产梦断赌城的赌徒来说，则是一座人间地狱。

在赌城，天堂和地狱同在。

璀璨的玻璃世界

倘若不是旅程按排，我不会去康宁小镇。这一时空交会的机缘，使我有幸大开眼界。

康宁位于纽约州的北部五指湖区的一个低谷中，四周是枫叶正红的丘陵，悠悠的希芒河穿城而过。河的南面是古色古香的老城，对岸则是是美国玻璃工业的中心。康宁公司的玻璃，在美国的显赫就像景德镇瓷器在中国的地位一样，并蜚声国际。其中的玻璃博物馆，集玻璃历史发展展示、玻璃工艺技术演示和各式玻璃精品及艺术雕刻玻璃展示于一体，约 10 万件展品中有各个时期世界各地玻璃制品的代表作品：反映古埃及文明的玻璃法老的头像、14—16 世纪欧洲文艺复兴时期运用绘画而复制成彩色的玻璃屏风、美轮美奂的玻璃礼服，通体透明的玻璃钢琴、像壁画一样嵌入墙体的艺术画像，形态迥异的花瓶和灵巧别致的香水瓶……这些或七彩灿烂，或晶莹剔透的玻璃制品中，居然还陈列一件我国的艺术珍品——明代制作的玻璃船！1 公尺长的船璀璨夺目，有的部件细如银丝、有的薄如蝉翼，那扬帆远航的雄姿所产生的动感和速度的特殊的视觉现象，令人目眩神驰。明代前期，我国的航海业与造船业已领先世界。航海家郑和出海远征，是人类航海史上的光辉历程。它打开了中国通往欧、亚、非大陆的海上通道；尽管他率船 200 多艘，27800 多人，7 次下西洋，却没有开辟一块殖民地。这充分体现了中国“和”的精神。

一套琳琅满目的玻璃家俱让人叹为观止。梳妆台、靠背椅、圆桌、吊灯和各种摆设的用料全是玻璃材质。既晶莹剔透又极富质感,既雍荣华贵又相映成辉,若不是亲眼所见,真不敢相信设计师的艺术灵感和雕刻工匠的手工技艺会结合得如此完美。

在参观中,我深刻感受到,自 1880 年开创灯泡制作以来,作为玻璃艺术的高峰无疑是崛起于文艺复兴后的西欧。相比之下。美国不如西欧,但是,20 世纪以来美国的现代主义玻璃雕塑艺术,最新的 1999 型号的汽车玻璃、可在太空使用的耐高温和高速度、高冲击波的特制玻璃、通过电流感应站在远处可看清对方的新型玻璃和光纤技术的高端制品则独树一帜。

礼品部必定充满了商业气息。谁能想到,这儿居然被营造成一个奇妙又有趣的艺术环境。凡是能想象到的产品,玻璃都能应想而成:花篮、果盘、灯饰、装饰、酒具、飞鸟、鱼虫、花草,以及栩栩如生的海豚腾跃、天鹅比翼、雄鹰展翅……所有的玻璃工艺制品,都具有相当高的收藏价值,无论送礼或自用,均显高雅的文化气质和品味,极具观赏和珍藏价值。

在游客此起彼落的惊叹声中,导游的一句话:“这小小的蜗牛,在文化大革命中曾引发一场政治地震!”引发了我对往昔的回忆。

1973 年,第四机械工业部准备引进彩色显像管成套设备,得到了周恩来等中央负责人批准。为此组团赴国外考察。回国时,东道主送给考察团成员每人一件工艺品——玻璃蜗牛。这本是很普通的一件事,但在“批林批孔”中。一个好事之徒却写小报告给江青,以有所图。江青立刻抓住此事作为炮弹。硬说送蜗牛是侮辱我们,说我们是爬行。大骂有关部门是“卖国主义”、“洋奴”,下令要把礼品退回去,还要提抗议……后来总算弄清,蜗牛是美国的节日礼品,象征幸福、吉祥,并无恶意。

送“玻璃蜗牛”的正是康宁公司。

“康宁”是一个充满玻璃文化的灿烂空间,置身其中,在获得艺术享受的同时,也看到了现代工业文明的进程。然而,“蜗牛事件”不但迫使从美国引进彩色显像管成套设备一事被推迟了几年，也冲击了当时的其他的引进工作……

康宁玻璃城

寻梦巴黎

汽车从戴高乐机场向市区驶去，我兴奋地望着窗外快速闪过的景色。中学时捧读了几本法国小说，精彩的描写使我萌生了对巴黎的憧憬。少年的向往，梦断“文革”。时世变迁，物换星移，未曾料到直逼古稀，却终于走向了梦中的巴黎。

香榭丽舍大街的凯旋门

法国人说：香水能预告一个女人的来临，也弥补一个女人走后的空虚！法国女人在信纸上滴上香水，成了无字的情书。香水比墨水还能传达更多想象的情境。一到香榭丽舍大街,尽管看到不少打扮时尚的女郎,但扑面而来的不是香水味,而是那段曾经令我向往的文字的气息:“梧桐树和栗子树掩映的林荫大道,一排排的咖啡馆飘出醉人的咖啡香气,一对对穿着时尚品位的法国贵族夫妇漫步在街上,女士通常打着阳伞,男士带着礼帽,街上还不时有马车跑过,似乎法国所有的浪漫气息都是从这里散发出的。”这是《漂亮朋友》中的经典描述。

这条美丽的大道成了19世纪巴黎人享乐生活的象徵。大仲马的《基督山伯爵》、福楼拜的《包法利夫人》、巴尔扎克的《高老头》、司汤达的《红与黑》……都以它为舞台,从爱恨情仇的演绎中尽情驰骋浪漫情怀。如今,尽管受到美式文化的冲击,路面依旧是历经百年的小方石块,所弥漫的还是昨日的法兰西式的优雅情调。漫步浓荫覆盖的梧桐树下,也许穿梭在莫里哀、梅里美等人的小说场景里;落坐一家咖啡馆,也许左拉与都德曾在此相聚……而眼前不时恍然浮现:小仲马笔下的茶花女丽妆华服坐着马车驰过的风光、普鲁斯特《追忆似水年华》中描写的香榭餐厅的浮华笙歌……如果不是人物,衣着有变化,还以为回到了18世纪。

香榭丽舍的起点始于凯旋门。伫立在昼夜燃烧的长明火前,我想到的不是创建它的拿破伦,而是维克多·雨果。少年朦朦胧胧的巴黎梦,不过是对文学的幼稚冲动。人到中年,最想在梦中见到的是那飘着胡须在风雨中永远疾走的伟大雨果。站在曾经停放雨果灵柩的拱门下,我想,1885年,法国人为什么要用最高礼仪盛葬83岁的无冕之官?

雨果出身豪门,将军之子。他关注劳工的苦难,动情描写下层社会,并壮怀激烈,笔伐强权。他攀上了法国文坛的峰顶。

当时是记者的罗曼·罗兰这样描写那些民众夜里守灵的情景:“在协和广场,在法国的所有城市,人们都在哀悼……在一束束鲜花一堆堆花圈中,显现穷人的黑色柩车,上面只放着两个玫瑰花环。那是最后的一次对照了。200万人跟随灵车，从星形广场将诗翁穷酸的棺材送进了先贤祠……”

走近心仪已久的教堂，一眼就认出了它。其实，二百多年前把其巍峨雄姿展现给世界的并不是教会的宣传，也不是史料的介绍，而是小说《巴黎圣母院》。是小说将这座教堂的门洞、大厅、钟楼以及那种推向极端的美丑对照，绝对的崇高与邪恶的对立，传播到世界的许多地方。

广场上游人如织，我却看到少女爱斯美拉达，不忍敲钟人在烈日下受鞭刑，便同情怜悯地把水送到因口渴而呼喊的卡西莫多的唇边；在钟楼顶端，我又看到驼背、独眼、又聋又跛的畸形人，把道貌岸然的副主教克洛德高高举起并将其抛下……

一座教堂和一部世界名著，是巴黎的座标，也是文学的座标！

巴黎的另一个城市座标是埃菲尔铁塔。在排队移步向前的行进中，我想到了莫泊桑，不禁哑然失笑。埃菲尔铁塔是为了1889年的世博会而建。建造时曾掀起一段风波：巴黎《时代报》刊登了由一批艺术家和建筑师联合签名的《反对修建埃菲尔铁塔》的抗议书，在上面签名有莫泊桑、左拉、小仲马等300多人，几乎囊括了当时法国各艺术领域的头面人物，莫泊桑更是扬言：“巴黎如果建成铁塔，我要永远离开这个城市。”后来，埃菲尔铁塔获得世界的肯定。按理来说最下不了台的应该是莫泊桑，人们拭目以待这位“短篇之王”是不是真的要离开巴黎了。不过，来埃菲尔铁塔餐厅用餐和喝下午茶最多的人就是莫泊桑，有人好奇地问他是不是忘记了当初曾撂下的狠话。莫泊桑用他特有的“莫泊桑式的结局”说：“谁让这里是巴黎唯一看不见这座破塔的地方?”说完专注地把胡椒粉和精盐撒在有埃菲尔铁塔特色的熏肉上。他用调侃和诙谐化解了自己的尴尬，这段戏言却成了永世流传的轶闻趣谈。

八十年代中期，年轻女作家张抗抗登上了铁塔的观望台，用她独特而细腻的视角写道：“有一对少年在塔顶的窗边接吻，多么高的吻。

有一对青年在电梯里接吻，多么快的吻……”二十几年过去了，如今的中国已有了“更高的吻”和“更快的吻”。至于巴黎的上空，一览无遗，平淡无奇。

巴黎是个古老的城市，除巴黎圣母院、埃菲尔铁塔、卢浮宫、凯旋门等举世皆知的历史性建筑外，该城多数住房属于约有150年历史的“奥斯曼式”建筑。1853年至1870年，建筑家乔治·奥斯曼男爵受命改造法国大革命后破败不堪的巴黎市区，以他的姓氏命名的住房样式从此成为巴黎建筑的主旋律。该样式建筑以灰色为主色调，通常高7层，顶层是状如将军帽的阁楼，六层和三层有阳台，底层为店铺。

巴黎人是怀旧的，以保留原有的历史性建筑而自豪。

尽管巴黎的上空空空如也，然而，在至今没有以后也不可能实现华丽转身的老城旧貌中，我却感受到那种丰厚的人文底蕴：用文字凝铸的“摩天大楼”破天而立！因激情迸发而造就的文学长卷灿烂辉煌！乡下小子于连是从哪条路进入花都，虽经攀爬跻身上流社会但最终被他所憧憬的贵族圈子抛弃而上了绞刑架；包法利夫人又是从哪一条路颓然走出“一个只有奢华与享乐的梦想之城”，在卢昂村庄里伤心地饮泣……那些通向巴黎的路，曾经承载过多少历史的沉浮，诚如雨果、巴尔扎克，也把自己心爱的人物推向了这条沉醉与幻灭之路。罗曼·罗兰，则让约翰·克利斯朵夫在临终时发出了满怀期望的呐喊：“有一天，为了新的斗争，我还会再生。”

一本又一本名著，一群又一群人物，一个又一个时代，一个又一个世界，所构成的鸿篇巨著是高山，是峰颠。屹立其背后的是层出不穷的巨匠大师。对他们而言，巴黎不仅仅是栖身之地，而是策动他们纵横文坛的精神摇蓝。

对于没有领略过其魅力的我来说，巴黎是一个梦；对于体悟过其内涵的我来说，巴黎依然是一个没有做完的梦。旅程紧促，与雨果的故居失之交臂；路过先贤祠，无暇入内凭吊雨果、伏尔泰、左拉、大仲马……的陵墓。寻梦虽留遗憾但感悟甚深：文学才是这座城市的真正骄傲。

塞纳河感怀

寻访巴黎名胜，不论走到哪儿，只要一转身，塞纳河就在近旁。它既没有黄浦江宽阔，也没有苏州河纤巧，呈弧形从西向东横穿整个巴黎。

长年来，尽管塞纳河是遥远的，缥缈的，我却通过阅读熟悉了它。伏尔泰、乔治·桑、司汤达……无数作家脍炙人口的佳作，都描写过

从艾菲尔铁塔俯拍的塞纳河

塞纳河，及沿岸风光和香榭丽舍大道街景，贵族沙龙和平民酒店，显赫夫人和善良妓女，在我心中勾画出一幅有声有色的巴黎画卷。我的思绪会随着大仲马、小仲马、罗曼·罗兰的笔触，在塞纳河的碧波清流中荡漾，或在波峰浪谷中沉浮。

塞纳河发源于法国中部高原，向西穿越巴黎盆地注入北海，是法兰西文明的母亲河。巴黎市最初就是发祥于塞纳河中一个叫做“西提岛”(巴黎圣母院的所在地)的小渔村里的。经过2000多年的开拓和发展，如今，巴黎已成为拥有12 000多平方公里面积、1 000万人口的高度现代化的国际大都市。

雨果在《巴黎圣母院》中说：“众所周知，巴黎诞生于古老的，状如摇篮的城岛。岛的沙岸便是它最初的城墙，塞纳河成了它最早的城壕。”难怪有人会说：塞纳河是巴黎的生命之河。

1991年，塞纳河被联合国教科文组织列入了世界遗产名录。

欣赏塞纳河，不仅因为沿岸的名胜使我感到它的美丽，更因其丰厚的文学积淀超越了河流的本身，才让人感悟到河水不同寻常的灵性。有人说，泰晤士河寒风黯然，哈得逊河空荡无幽，尼罗河泥沙俱下，泰伯河混浊不清，惟有塞纳河蕴涵诗意蜿蜒向前。德国著名诗人海涅赞赏道：“法国有条塞纳河，河里流淌着法兰西的爱！”是塞纳河哺育了灿若群星的作家，为法兰西赢得被世界公认的尊严。

许多蜚声世界的文学巨子，都是沿河而居。福楼拜的书房窗临塞纳河，因灯光彻夜通明，被船夫当作渔灯；莫泊桑与同伴还有情人经常泛舟河上；莫里亚克对着塞纳河的流水，伴着圣母院的钟声，不断思考人生，写出了《黑夜的终止》……巴尔扎克、左拉、都德，喜好在左岸的咖啡馆聚会聊天，在咖啡和烟斗的碰撞中迸发出思想的火花；一代又一代的先哲大家，在塞纳河的冲击下，喷涌出滔滔不绝如浪如涛的文字——在法朗士《塞纳河岸的早晨》里我憧憬过它的美丽，在勒·克莱齐奥《蒙田随笔》里我体味过它的深沉……

勒·克莱齐奥是当今法国文学的核心之一。与莫里亚克、佩雷克都获得过诺贝尔文学奖，并称为“法兰西三星”。2009 年 12 月，他在中国学者陪同下来到了圆明园。直面英法联军在中国土地上制造的历史创痛，他说：“法国、英国曾从中国劫走不少东西，这些应该交还给中国。”

他对中国的文学也偏爱有加，他说：“我尤其喜欢中国现代小说，比如鲁迅和巴金的小说，特别是北京小说家老舍的小说。我发现老舍的小说中的深度、激情和幽默都是世界性的，超越国界的。”

可以这样说，法国无数浪漫严瑾，比埃菲尔铁塔还要高大的大师，他们的灵魂无不与塞纳河融为一体，讲述着法兰西血脉的故事。雨果在《九三年》中，以诗人的激情，浓笔重彩地直接描绘了塞纳河见证法国历史上著名的“恐怖时代”。

许多外国文人为了追随法国作家的典范而来到塞纳河畔，如茨威格、乔伊斯……是塞纳河激发了他们丰富的灵感。久居巴黎的海明威最喜爱去的地方就是塞纳河。写作之余，在那里散步、思考，或坐在左岸的咖啡馆里一边啜饮一边观察形形色色的人。他写了一连串的短篇小说，内容全部是描写他年轻时在巴黎的际遇。他的自传《流动的盛宴》，着墨最多的是咖啡馆的人文情结，引发骚人墨客向往巴黎的文学梦。

塞纳河与香榭丽舍交相辉映的万种风情，也引发了中国作家怦然心动：

徐志摩赞美道：“塞纳河，流不尽的浪漫情怀。”

巴金的 段话，值得一引：“早年我只身去巴黎留学的时候，最喜欢的地方就是塞纳河。”

黄永玉则创作了《沿着塞纳河到翡冷翠》……

凡是感受到法国文化深度的文人，笔下所挥洒的是对塞纳河的深深眷恋之情，并无一例外地经受了这条深藏万千世界之河的熏陶。无数比埃菲尔铁塔还要高大的大师的灵魂，无不与塞纳河融为一体。他们不是用文字，而是用生命写作，让塞纳河见证了法兰西的无数荣耀与耻辱、欢乐与悲伤。

雨果的《悲惨世界》里有一段情节，在血与火的激战中，冉阿让将一心要置他于死地的沙威放走……他的义举照亮了整个悲惨世界。

另一段是，当冉阿让再次遇到沙威。紧要关头，沙威却以德报德，放走了自己苦苦追捕一生的逃犯冉阿让。极度矛盾的沙威愧疚于自己的严重失职，跳进了身旁的塞纳河……

塞纳河被人性的博爱感动了，它把《悲惨世界》的故事溶化在浪涛中，奔向大西洋……

幽幽的塞纳河，倒映着浓情的浪漫，基奠着悠悠的历史，哺育着智慧的巨擘。

毋庸置疑，是文豪、巨匠，使巴黎成为一座永远书写不尽的城市。然而，在法国，很少有与塞纳河绝缘的名著能鹤立鸡群。鸿篇巨著使塞纳河像世界名著一样，成了世界名河。而塞纳河哺育了灿若群星的作家，成了文学的摇蓝。

卢浮宫维纳斯雕像

巴黎路名拾零

在民族广场，欣赏了象征自由和共和制度的女性形象的“玛丽安娜”雕像后，便沿路去共和国广场。我问导游这条路的路名。导游回答，“伏尔泰大街”。我追问，是不是作家伏尔泰？他点了点头。瞬间，这条与其他道路大同小异的路，尽管路况并非古貌依旧，对我来说却另有一番吸引力。伏尔泰不仅是一代文学巨匠，更是法国启蒙运动的领袖，他甚至代表了一个时代。雨果在《纪念伏尔泰逝世一百周年的演说》中作了这样的评价：“而在那个阶段的人类社会，人民是什么？是无知。宗教是什么，是不宽容。司法是什么？是没有公正。”，“他对这个茫茫的恐怖世界宣战，他接受战斗。他的武器是什么？这武器轻如和风，猛如雷电——一支笔。”伏尔泰战斗在 18 世纪，雨果纵横于 19 世纪。终生致力于反对专制暴政而孤军奋战的伏尔泰，百年之后能听到心灵的和声，一定会深感欣慰。我也被这种跨世纪的心灵默契和精神交融所打动。当得知还有一条“雨果路”与之遥相呼应，我多么希望去领略“雨果路”的风光，无奈人在异国他乡，况且既“聋”又“瞎”，怎么去问讯探路。不过，我由此感悟到，用这两位对法国文学有伟大贡献的作家、思想家姓名冠以路名，表明他们在法国人的心目中占有重要的地位。

世界艺术之都已有 2000 年的历史，千奇百怪的路名就足以让人眼花缭乱。其中，法国政府启用文艺复兴时期以来许多大师的姓名冠以的路名有上百条之多。凡走过以熟悉的名字命名的街道："卢梭大道"、"梅里美路"、"齐莱勒克大街"……无一例外地因其沾染了文学气息而格外引人垂青。各位作家所处的不同历史阶段，自然带出了不同的时代感觉，映衬着巴黎的风花雪月，饱含了巴黎人的兴衰与苦乐。

悠然渐行在被架构于文学大背景的路上，虽然昔人已渺，一种从未体验过的感觉使我惊喜之际，仿佛窥见了大师们的足步，由古而今，递嬗接续，构成了法国文学史上的辉煌篇章。

漫游"福楼拜路"、"左拉大街"、"都德大道""莫泊桑路"，尽管市声喧嚣，我却顿生雅趣。大师们的作品使我浮想联翩，他们彼此相融相洽的交往令人倾慕沉醉。

莫泊桑的《福楼拜家的星期天》，生动描述了以文会友的动人情景："第一个来到的往往是伊万·屠格涅夫。他像亲兄弟一样地拥抱着这位比他略高的俄国小说家。屠格涅夫对他有一种很强烈并且很深厚的爱。他们相同的思想、哲学观点和才能；共同的趣味、生活和梦想；相同的文学主张和狂热的理想，共同的鉴赏能力与博学多识使他们两人常常是一拍即合。一见面，两人都不约而同地感到一种与其说是相互理解的愉快，倒不如说是心灵内在的欢乐。过了一会儿，都德也来了。他一来就谈起巴黎的事情，讲叙着这个贪图享受、寻欢作乐并十分活跃和愉快的巴黎。接着来的是左拉。他爬了六层楼的楼梯累得呼呼直喘。一进来就歪在一把沙发上，并开始用眼光从大家的脸上寻找谈话的气氛和观察每人的精神状态。"

福楼拜和左拉都是莫泊桑的老师。师友、文友相聚甚欢。在文学主张上也英雄所见略同。莫泊桑的《羊脂球》、左拉的《磨坊之役》、都德的《最后的一课》，都以普法战争为题材，热情歌颂高尚的爱国主义精神。屠格涅夫则对俄罗斯文学和法国文学的沟通交流起到了桥梁作用。

密特朗图书馆露在外面的亮丽透明，高耸入云的四幢建筑像四本打开的书。这是4本打开的巨书，四“书”相对，又构成一本完整而更伟大的书。其周围的十二条马路，也是以名人命名的。法国本土名人分到六条街道：哲学家雷蒙·阿隆和社会学家布罗代尔，两个和萨特齐名的人物；戏剧家阿努依，无声电影大师冈斯，诺贝尔文学奖获得者莫里亚克。莫里亚克分到的那条马路最宽最长，濒临塞纳河。据说巴黎市政府早就想分给他一条路，因为每次都是小街，他的家人没有接受，这次终于等到了一条满意的路。另外还留了五条路给热爱巴黎的外国名人，像作家海明威，托马斯·曼，乔伊斯…他们都是在巴黎完成了一生最好的作品。

走在塞纳河畔的“海明威路”上，追怀他作品中一个个有血有肉、个性鲜明的人物，猛然忆起他的传奇人生。1944年8月25日这一天，是巴黎从法西斯铁蹄下得到解放的日子，神气的海明威将军率领他的部队，像当初前去保卫马德里的工人营一样，坐着坦克车，穿过香榭丽舍大街，前去“解放”当年的根据地——丽兹酒店，跟随他的还有大卫·布鲁斯上校(后来为美国驻法大使)，战前他们经常一起来丽兹的“小酒吧”。此时，”丽兹”因为战争而处于半瘫痪之中，酒吧已经停业，留守在酒店值班的只有一个副经理。当他认出了这两位老顾客之后，就谦恭地迎上去问饭店能为他们做什么，海明威看了看身后兴奋、邋遢的士兵，要了73杯马蒂尼酒与士兵碰杯庆祝胜利。马蒂尼就这样成了一款名酒。正因为海明威与丽兹的这种特殊情感和渊源，50年后，店主将其更名为“海明威酒吧”。

法国传统视“作家为文化之王”。法国人就是以名人路名这种方式尊崇宣扬法兰西文明，讲述民族的兴衰，并激发人们对法国文化的追寻。外来文人对名人路名的领悟，似乎比对这座城市的导游解说词要来得深彻——没有博大和包容的胸怀，岂能营造出人文荟萃、秀甲天下的法国文学。

法兰西的英雄情结

街头雕塑是巴黎的一大特色。不论走在连结广场和街角的大道上，或是穿行深邃悠长的小巷，不经意间发现的一尊雕塑都能留住你的目光……车站、河边、公园、住宅小区也因各种各样的雕塑而更具画境，

从大皇宫国家美术馆出来，沿着邱吉尔大道去香榭丽舍大道，途经圆形的克莱蒙梭广场，一尊高耸的青铜塑像吸引了我。进入广场中央，仰头一看，虽然黄昏的光线已经逐渐微弱，4 米高的雕像依然清晰可辨，啊，是戴高乐将军！那迈步昂首向前的雄姿，那风尘仆仆的神态，仿佛在娓娓述说着什么。

我在夕阳的余晖中沿着雕像慢慢地走了一圈。这座雕像，倘若戴高乐没有身着戎装，决不能体现他力挽狂澜的英雄气概；如果不是以将军健步进入巴黎城的姿态造型，就不能生动描绘一位捍卫法兰西民族独立的勇士的精神风貌。有人说，从巴黎街头的雕塑能读懂法国的文化理念。我回眸戴高乐雕像，仿佛已走过历史兴衰的第二次世界大战。想起了戴高乐为法国的自由、解放和繁荣所做的一切。

一尊雕塑就是一部英雄的诗史。这是几天来游览巴黎的观感。像新桥桥头矗立的国王亨利四世的雕像，彪炳着他的德政和倡导共和政体，对新教徒采取宽容政策，结束了 30 年宗教内战，使衰落的法国变成欧洲强国的伟业。

走近戴高乐广场犹如走进一段历史。广场中央的凯旋门有着许多精美的雕刻。其中格外引人注目的是刻在右侧石柱上的“1792 年志愿军出发远征”，即著名的《马赛曲》的浮雕：象征自由、正义、胜利的自由女神右手持剑，左手高举，号召人民向她指引的方向前进。在她神圣宽广的羽翼下，一群志愿军战士，或高歌猛进，或负重前行，马赛曲的雄壮号角再次吹响……

遍布全城的人物雕像虽各具特色，但无不是法兰西英雄主义的象征。在老城区的金字塔广场，意外的邂逅弥补了几天前游览卢昂所产生的缺憾。

在诺曼底省的卢昂市中心广场，友人指着不大的教堂说，这是为了纪念圣女贞德所建的教堂，然后移步到一侧爬满长青藤的墙前，一面招呼我观瞻与人体差不多大小的，贞德就义时的浮雕，一面讲述：她叫贞德，在百年的英法战争中，法国在连年战败并到了国家危急的紧要关头，万般无奈的国王接受了挺胸而出的她来指挥国家的军队。

一个平平常常的 17 岁农家少女，整天牧羊，连最简单的字母都不认识。但是，为了国家的使命而战，为了民族的存亡而战，她居然奇迹般地屡战屡捷！成为闻名法国的女英雄！

贞德于 1430 年在贡比涅一次小冲突中为勃艮第公国所俘，不久被英军羁缚在囚车之上连续几天游街示众，受尽了屈辱后被押赴刑场，捆绑在火刑柱上处死。极其残忍的是，还再次焚烧其焦黑的尸体，然后将剩余的骨灰扔进了塞纳河。

20 岁，青春年华，却为国殉难，如此惨烈！她的英雄形象给我留下了难以忘怀的印象。广场的中央就是她就义的地点，在这曾经洒满了贞德鲜血的广场上，如今却空空荡荡。唉，如果能为她矗立一尊高大的雕像那该多好啊，我深感缺憾。未曾想到在“金字塔广场”，居然看到了圣女贞德骑着战马的飒爽英姿：身着铠甲，右手高擎法国国旗，左手扶缰，英武神圣！这何尝不是英雄历史的再现。

游客都用仰慕的眼光在静静地观瞻。画者和摄影爱好者从不同的角度勾勒雕像融入巴黎的风情。在这宁静的氛围中，飘荡着由长笛以柔美音色歌唱的抒情旋律。为何在如此肃穆的气氛中布放这种洋溢着清纯情感的乐曲？循声望去，草坪上坐着一对恋人，身旁放着一个小小的录放机。也许友人看出了我的疑惑，便说，“这是悲歌剧《奥尔良少女》中的曲调，是柴可夫斯基灌注了异乎寻常的热情，为圣女贞德所创作。几乎天天有巴黎市民带着录放机前来拜谒。你听，这段音乐把为祖国献上青春的贞德形象刻画得多美。”

我仔细聆听，随着节奏的变化，渐渐陶醉于贞德身处战斗的最前线，冲锋陷阵的激越昂扬的旋律中。

天主教说贞德集合了英雄和天使的魂灵，封她为圣人；法国人视圣女贞德为民族英雄，永世敬仰。塞纳河岸的先贤祠，是法兰西安葬法国伟人的地方。这儿虽然没有供奉贞德的墓室，但她的英姿却跃然纸上。其正厅与普通的教堂在结构上并无多大分别：不熄的烛火、空旷的大厅、还有那些精美的雕塑、壁画，及巨型的墙画悬于四壁，内容众多，其中有那么几幅，是描写圣女贞德的故事。不知是哪位大家的手艺，把这明眸皓齿的少女在牧羊时期的恬静可爱、战争时期的庄严肃穆、临刑时的坚定决然表现得淋漓尽致。

真的特别喜欢巴黎街头颂扬英雄的雕塑，几乎每个雕像都能“讲”一段体现法国民族精神的故事，总会激起流淌在法兰西人的血液深处的浪漫主义的英雄情结。

巴黎以时尚之都、浪漫之都闻名于世。以往，一谈起巴黎，话题最多的就是香水、时尚和迷人的巴黎女郎。当我走近巴黎，所见所闻并非满街弥漫香水的芬芳，也不是满眼尽见模特争艳，更不是处处有时髦女郎招摇过市。她真正的时尚和浪漫不在这里，而是她的英雄主义精神和对艺术的酷爱。

英雄主义实际上也是一种浪漫主义，因为那种为自由幸福而战斗拼搏，叱咤风云，慷慨牺牲的精神，是真正的英雄主义的罗曼蒂克。

一对恋人相依相偎，却没有拥吻，而是为了缅怀先烈，沉浸在柴可夫斯基的《奥尔良少女》的乐章之中，这难道不是浪漫！

巴黎就是这样浪漫，那是一种有深厚文化素养的浪漫，是一种植根于灵魂深处的热爱英雄的浪漫。

漫步巴黎，随处可以看到纪念英雄、歌颂英雄的雕塑和纪念碑，最著名的当属耸立在戴高乐广场中央的凯旋门。1805年12月2日，拿破仑在奥斯特利茨战役中大败奥俄联军，于是他下令建造这座凯旋门，将法兰西的丰功伟绩彪炳于世。在门上，刻有1792年至1815年间的法兰西英雄的征战史，和跟随拿破仑远征的286名将军的名字；由著名雕刻家吕德设计雕塑的《马塞曲》，面向香榭丽舍大街永远唱着英雄的颂歌；在凯旋门的下方，是无名战士墓，镶嵌在地上的红色墓志铭写道："这里安息的是为国牺牲的法国军人"，墓前一盏永不熄灭的长明灯和一束永不凋谢的鲜花，是巴黎人献给在大战中牺牲的150万法国官兵的永恒纪念。沿香榭丽舍大街望去，可以看到傲然阔步的戴高乐将军雕像，这位在二战中拯救了法兰西的民族英雄跨进凯旋门的英姿永远定格在这里，一身潇洒的英雄气概无疑成了巴黎人最欣赏最敬佩的形象。大街的尽头是协和广场，矗立着纪念征服埃及，并从埃及运来的有3000多年历史的方尖碑；广场入口处矗立的马利骏马雕塑，则是当年路易十四的象征，骏马前蹄腾起，仰天嘶鸣，狂傲不屈，大有天马行空之势。

我想，巴黎街头的雕塑不仅仅凝聚了近千年来艺术家们的辛勤创作，是人类文明的结晶，更有意义的是，当艺术如此平民化地溶入了社会生活，并形成一个城市的氛围、历史和文化积淀，这才是巴黎的精髓、灵魂和令人魂牵梦绕之处。

巴黎是浪漫而崇尚英雄的城市。

浪漫之都的“吻”

塞纳河南面，有一条幽静的梵伦纳小路。这条路的77号是闻名世界的罗丹博物馆，收藏了20世纪的著名雕塑家罗丹数千件的艺术珍品。一进入大厅，我立即被“思想者”所吸引。4年前，我曾在上海城市艺术雕刻中心，欣赏过这尊被喻为罗丹个人艺术和整个雕塑史上堪称里程碑的雕塑。

不过，此番慕名探胜是“吻”。“吻”曾经与“思想者”一起来上海展出。那时，因有眼不识金镶玉而失之交臂。“吻”取材于但丁的“神曲”，有关评论说：如果没有对巴黎街头浓情蜜意的观察和捕捉，也

塞纳河南面梵伦纳小路77号——闻名世界的罗丹博物馆。

许不会驱使罗丹对沉迷神情的精雕细刻。如果不是这尊复制最多的“吻”的广泛影响，也许巴黎人的浪漫情怀不会如此奔放。有人说，“巴黎人的爱无处不在”，“这是一个血液里都流淌着浪漫的民族!”漫步在巴黎的长街短巷，给人们留下最深印象的，莫过于对对情人的拥吻。

法国式拥吻，随性而不失优雅，如痴如醉而富有情调。阿兰·德龙在电影中所扮演的佐罗，行侠仗义，在贫苦的人最需要的时刻出现。他不同于日本凶神恶煞的武士，美国西部粗犷放浪的牛仔，他在你死我活的格斗中，剑术如舞姿般优美；即使把对手逼向死角，还要给心爱的美人送上一次又一次的亲吻……这一激烈戏剧化的场景，把法兰西的浪漫优雅展现得淋漓尽致。

当我能贴近欣赏由大理石雕塑而成的“吻”时，我被相互交缠在一起的男女起伏细腻的生动神态、优雅缠绵的肌体之美深深吸引，同时回味着一些评论文章对这一杰作的高度赞誉：“每一块肌肉都在说话”、“每一块肌肉都是感情”、“都是音符”、“都在弹奏”……

“吻”在1889年的法国巴黎世博会上展出的时候轰动一时，成为雕塑史上的不朽名作。但是当它在1893年美国芝加哥世博会上，再次展出的时候，却被美国人视为是一件“色情”的作品，不允许公开展览，只能够另辟专室预约参观。如今有一则笑话不无讽刺意味，“英国男人喜欢与马说话，德国男人和狗聊天，意大利男人驾跑车最来劲，法国男人最喜和恋人拥吻。美国人一接吻便发狂，不到一分钟即脱衣服。”

正当我陶醉在这表现男女爱情的极富诗意的艺术意境之中，猛然发现，我已被一对对相拥热吻的情侣团团围住。不消说，这些年轻人肯定被“吻”所散发的激情所感染，情不自禁地表达他们的情与爱。一个老人，身处激情四溢的罗曼蒂克的重围之中，顿感尴尬和窘迫。不过，我的周围荡漾着的都是快乐和温馨。恋人们在甜蜜的嘴唇接触中忘记了整个世界，并与象征着浪漫之都的“吻”交相辉映，这是多么美妙的情景，我的心也跟着醉了。

“这个世界不缺少美，而是缺少发现美的眼睛。”这是罗丹的名言。正因为罗丹有发现美的眼睛，才能把美妙的瞬间变成为经典的“吻”，化作永恒的浪漫。

美女的情怀

协和广场的中央，方尖碑的金顶在夕阳下折射着耀眼的光芒，两座大喷水池中的青铜镏金雕塑在水幕中飘然欲仙。我再次前来，是想欣赏一座塑像。我悠闲地绕过矗立于广场与香榭丽舍大道相接处的“利马”雕像，也无意去参观广场尽头两边的玛德莲教堂和波旁宫。

呈八角型的广场的每个转角处，有象征着在法国历史上起过重要作用的城市雕像，分别是：里昂、马赛、波尔多、南特、鲁昂、布勒斯特、里尔和斯特拉斯堡。我径直走向东北角，去拜谒用来体现斯特拉斯堡城市形象的一座女性的雕像。读过都德《最后一课》的人，都会

协和广场上朱丽叶雕像

对当年被德军占领的法国城市斯特拉斯堡记忆犹新，普法战争后，该市被割让给德国，于是雕像被蒙上了黑纱，直到第一次世界大战结束，法国收回这一地区后才重现真容。

雕像是以朱丽叶为原型，精心雕刻而成。缘何要用美丽、端庄、高贵的女性来彰显城市的魅力，朱丽叶何许人也？从资料中获悉，在法国人的心目中，她是法兰西的伟大女性！

大文豪大仲马在朱丽叶晚年，为了表示对她的敬意，题词相赠："青春永驻！"

朱丽叶逝世后，前来吊唁的有：雕刻大师罗丹、作家都德、历史学家勒南、诗人勒孔特·德·利尔、马拉美、议会议长费里、后来担任总理的克莱孟梭等等。那么多的显赫人物何以泪洒灵堂！

主持葬礼的是雨果的好友瓦克里，他在悼词中说："我们为之恸哭的，是一位坚强的女性……她分担过雨果的考验，有权分享他的光荣。"是的，她的一生紧紧地和雨果联系在一起，虽然她终身是雨果的"红颜知己"。

26 岁的朱丽叶在认识雨果前，除了是一个寂寂无名的女演员，还有什么？一个孩子的母亲。

朱丽叶在雨果的戏里扮演了一个小角色，雨果一见倾心，动情地写道：她的眼睛犹如宝石般晶莹清澈……她那椭圆形脸庞的轮廓悦目而和谐。朱丽叶对雨果的才华钦慕不已。

令雨果不胜惊喜的是，朱丽叶能背诵他的许多诗篇，能够领会他的片言只语。

雨果的夫人阿黛尔美貌动人，又出身名门，与雨果青梅竹马，给雨果生下了三个儿子和两个女儿。然而，阿黛儿对雨果的写作漠不关心，不感兴趣。

路易·波拿巴政变后，雨果因反对政变而被通缉。危急中，看似弱女子的朱丽叶，把雨果的全部手稿整理好转移到安全的地方；还想方设法为雨果弄到了化名"郎万"的护照，并把"印刷工人郎万"送上了去比利时布鲁塞尔的火车……

雨果于1856年携家眷流亡英属格尼塞岛。翌年,朱丽叶也追随而来。夫人阿黛儿因过不惯艰困的生活,扔下雨果带着子女返回巴黎。雨果和朱丽叶完全可以同居一屋,但是朱丽叶却借居在对门的小楼里。她的纤纤细手,不仅悉心照料雨果的生活,还整日整日为雨果抄写了《悲惨世界》、《海上劳工》、《笑面人》、《九三年》等长篇巨制及其他论著。她的一笔一画都浸润了一个女人对一个男人的崇拜和爱。在她看来雨果所写的每一个字母、单词,和美丽的句子都是雨果生命的延续。她说,"能在众人读到之前,就品尝了维克多精心酿制的美酒,这是我最大的快乐和自豪。"

朱丽叶与雨果风雨相伴50年,不离不弃,虽然没有成为其妻子,却胜似妻子,于她,这一生,得到他的爱就足够了。

雨果曾满怀深情地写道:"我之所以没有被逮捕,没有被枪杀,能活到今天,全凭了朱丽叶。是她冒着失去个人自由乃至生命的危险,为我排除一个个陷阱,毫不松懈地保护我,为我不断寻找安全的避难所。"

晚霞映照在楚楚动人的座像上。我伫立瞻仰,雕像的头部梳着漂亮的发髻,那令雨果销魂的眼睛微笑着远眺前方。她看到了什么,是塞纳河北岸埋葬雨果灵柩的先贤祠,还是香榭丽舍那头曾为雨果举行八十万人葬礼的凯旋门,抑或她正在聆听站立于巴黎圣母院塔楼上的雨果向她倾诉衷肠:"这场被诋毁的爱情,曾是错误,终究变成美德。"她一定被深深地感动了,一定会告诉雨果:你是我视为天神的男人,你在我心中就等同于上帝。这段爱情对于我来说就像信任上帝那样是一种信仰,是那么地神圣。拥有这种爱情,使一个平凡的女子因为有了你而变得光芒四射。雨果不无感慨地说:"五十年的爱情,是世上最美的婚姻。"

对雨果的肺腑之言,斯特拉斯堡城市雕塑委员会作了如下的评语:没有任何一句话比这句更能赞美朱丽叶的美好情怀。

雨果与中国馆

巴黎城东，距蓬皮杜艺术中心不远，就是孚日广场。方形的广场被36幢三层高的、红色砖石的古典式楼宇所包围，其中略为高大的称为“国王楼”和“王后楼”。18世纪，有许多社会名流在此居住。小说家都德住在12号楼。6号楼是雨果的故居，现称“公立雨果纪念馆”。

进门即可从各个玻璃橱窗里浏览各种画册和纪念品。二楼展出雨果流亡海外以前时期的文物；左侧有楼梯通达三楼。三楼南面小间是雨果的起居兼书房，家具、桌椅、卧床都接原样摆设。书桌很特别，比一般要高许多，这是雨果自己设计的，他习惯站着写作。

临窗孚日花园的北间，就是闻名遐迩的“中国厅”。尽管之前已读过介绍该厅的资料，在脑海中已形成了鲜明的印象，可是真的身临其境，一看到那充满浓郁东方情调的家居艺术品，都会睁大眼睛，兴奋不已。天花板挂着一盏红木的大宫灯，宫灯上缀着人物和花鸟图案。墙壁上装饰了百多只中国瓷盘，有仕女盘膝而坐及花草、肖像、生活场景的图案。西墙正中有形状像两扇门的朱红色木雕，朱红门上有雨果姓名的缩写“V·H”，非常醒目。墙下端安放着一排中国的工艺漆凳，凳上是螺钿镶嵌的花鸟图案，给人以一种中国艺术的特殊气氛。北墙右首上方有一幅“天使吹乐图”，图中喇叭上有“D·D”两

雨果卧房的中国情结

字，这是朱丽叶·德鲁埃的缩写。朱丽叶·德鲁埃是雨果终生的红颜知己。他俩虽然没有在教堂举行过婚礼，却有各自给予对方的最美的爱情，所以雨果将情人象征为“天使”。北墙正中有三幅雨果亲手绘的烙画，画的都是中国人物。中间一幅是一个儿童倒立凳上要杂技；右图是一个中国官员，头戴官帽，手摇折扇；左图是中国的胖老头，员外打扮，喜笑颜开，眼睛盯着鱼，象征着“年年有余”……整个厅堂洋溢着中国式的气氛。

这是在法国！怎么置身中国的楼台馆舍？我在厅堂中流连忘返，反复品味，一个从未去过中国的法国人，为什么会对中国的传统艺术情有独钟！一对像张学良与赵四小姐相濡以沫的情侣，为什么愿意长期陶醉在被誉为充满中国情调的“高城仙境”中。

其实，这间客厅原先的陈设并非如此。

在雨果流亡格恩济岛时，朱丽叶追随而来，与他隔街相对居住19年。雨果酷爱中国艺术，他欣赏朱丽叶有一种东方美人的风韵和气质，便竭尽他的全部艺术才思，把她的居室营造成充满东方诗情画意的“高城仙境”，旨在以此体现他和朱丽叶真挚而缠绵的感情生活。

可以想象，雨果要耗费多少金钱、时间，才能搜集起这满满一室的中国艺术品。如果不是朱丽叶的喜爱，雨果怎么会倾注那么多的精力来制作中国式绘画、中国式人物和中国式的各种工艺品。1863年8月6日，朱丽叶给雨果写信致谢：“我再说说我对这间神奇卧室的赞美之情，这里充满你神奇的艺术思想，像一座圣洁的殿堂，令我肃然起敬。我尤其欣赏曼妙的卧室装潢，简直就像一首真正的中国诗歌。”

这是朱丽叶的心声，何尝不是表明她和雨果有着很深的“中国情结”。生活在天才阴影下的朱丽叶，美丽凄婉，不求名分，爱人至深。也许正是这个“中国情结”把他们连接在一起。

我寻思着从不同的角度透视这个“中国情结”的深邃。

雨果在长篇小说《笑面人》中提到：“中国在发明方面总是跑在我

们前面：印刷术，大炮，麻醉药，都是他们先有的。”

无独有偶，法国斯特拉斯堡市，对中国发明的印刷术也赞赏有加。该市的古登堡广场中间，有一座纪念德国的印刷术发明家古登堡的雕像，令人印象深刻的是，在雕像基座上有四组浮雕，表达着在古登堡之前，人们为印刷术所做的努力，其中明显有东方人在手工印刷的样子。

也许是因为这个雕塑的缘故，斯特拉斯堡人几乎都知道，活字印刷最早是中国人发明的。也许斯特拉斯堡的市民，深知朱丽叶有着深深的“中国情结”，才会把按她的模样雕塑而成的一尊代表城市形象的座雕，矗立在首都的协和广场上。

雨果在《就英法联军远征中国给巴特勒上尉的信》中，叙述了圆明园的辉煌价值，怒斥了侵略军毁灭东方文化的罪行，“在历史面前，这两个强盗一个叫法兰西，另一个叫英吉利。对他们我要提出抗议。”我想，朱丽叶和雨果一样，对这种兽行义愤填膺，对中国人民怀有友好的感情。否则，她怎么可能长期安居在“这是一首真正的中国诗歌”的环境之中。

也许正是对中国艺术的欣赏和热爱的这种“中国情结”，能揭示雨果与朱丽叶长达五十年爱情所以会有别于“法国式露水情妇”的真谛。正因如此，雨果才会在英法的欢声笑语之中，喊出了振聋发聩的强烈谴责。

格恩济岛上的“高城仙境”是雨果与朱丽叶爱情生涯中的重彩浓抹。把它搬至浮日广场 6 号的“雨果故居”，因被公认为“中国厅”，便更加突现了雨果与朱丽叶的“中国情结”。

与80后同行

在香榭丽舍大街，小蒲和小叶这对年轻的夫妇，轮流帮我拍摄了以凯旋门为背景的几张照片，另一位年轻姑娘小朱，多次热情建议我改换取景的最佳角度。我们虽是上海同乡，素昧平生，却在异国他乡相识了。穿过地道来到拱门下。3个小青年看了英文解说词后，小叶一边数着111块宣扬拿破仑赫赫战功的精美浮雕，一边说："凯旋门是奉拿破仑之命，于1806年动工，历时30年才建成。"小朱立定在面向香榭丽舍大街右下侧的那幅浮雕前，娓娓而语："上面描绘了1792年义勇军出征的情景，取名《马赛曲》……可惜，拿破仑自己却没有看到凯旋门高大巍峨的雄姿。"两个年轻人的讲解，使我在茫然中获益非浅。

进入气势恢弘的卢浮宫，仿佛置身于艺术珍品的海洋。小蒲、小叶和小朱看着英文导游图商定了参展路线。我形单影只，怕迷失方向，即与他们形影相随。我们是两代人，年轻人怎么可能愿与老人为伍？他们却对我不厌不弃。

通向所有展厅的回廊游人如鲫。林林总总的世界级名画、雕塑尽入眼底。我虽是赏画的门外汉，仍然深浸于西洋艺术所形成的优雅的氛围之中。

被誉为古典艺术不朽之作的维纳斯雕像，被游客围得水泄不通。小叶和小朱饶有兴趣地谈起了女神的"缺陷美"：月有阴晴圆缺，这

瑞士铁力士雪峰之巅

是大自然的规律，也是生活中一道不可多得的风景线。罗丹说："残缺也是一种美。"尽管维纳斯断了一只手臂，但仍凝聚了人体形象美的魅力，体现了人间美的最高境界……况且，她给观赏者留下了想象的空间，创造的空间，平添了无穷的魅力。

在先前参观巴黎圣母院时，小叶与我谈到了雨果笔下的钟楼怪人，她说："卡西莫多外表丑陋却内心高尚，其实丑就在美的旁边，畸形靠近着优美。"我说，"这个人物的崇高藏在了粗俗的背后。在觉察到爱斯梅拉达对他外貌的惊恐后，他甚至说：'我要到我看得见你而你看不见我的地方去，那样会好得多。'这无疑是他真情的流露，也是理智的告白。"小叶说："给彼此留下各自的空间，宁可守望而不是跨越，从他的身上体现了一种丑陋的美！"

小叶言简意赅地谈了自己的见解。不消说，倘若她平时不注重学习，没有广泛的兴趣，不涉猎各方面的知识，就很难在谈吐时潇洒自如地即兴发挥。她率真热情随和的待人接物，显现了她一定是一个坦荡而干练的女性。回沪后，她发来了电子邮件，“在凯旋门的相识，卢浮宫的同行，埃菲尔铁塔的合影，铁力士雪山冰洞的探险，我们玩得非常开心……”此信文笔流畅，用辞遣句颇见用心，印证了我与她初次接触即作出的判断：她是一个有思想有主见的人。

“蒙娜丽莎”油画的护栏周围人头攒动。小朱说，“也许达芬·奇没有想到，自己的精心创作会成为卢浮宫的镇宫之宝！”“小叶说，“很少有其他作品能像它一样，被人研究、审查、演绎或恶搞……”我不无感慨地说：“达·芬奇在法国克鲁堡病卧在床，面对他心爱的杰作《蒙娜丽莎》，写下了他在世时最后的心声：‘愿望——比愿望的实现要美好得多’。”话题展开后，我们谈到了朱光潜先生面对此画所发的感慨：“在微尘中见出大千，在刹那中见出终古”，“一切希翼和畏避的念头在霎那间都涣然冰释，只游心于和谐静穆的意境”。

面对着《蒙娜丽莎》所陈列的是，占据整整一个墙面的世界上最大的一幅油画《迦那家婚宴》。画中有 138 个栩栩如生的人物形象。服饰的华丽，布局的宏伟，色彩的辉煌，气氛的欢跃，都是无与伦比的。两幅画同处一室，都是旷世珍品，高 1 米，宽 70 厘米，与纵横 665.3×990.6 厘米相比，尺寸相差之巨，真可谓小巫见大巫。未曾想到的是，一个观者人头攒动，一个寥寥无几。为什么要把大小相差如此悬殊的名画面对面地陈列？我提出了自己的疑问，小叶和小朱也揣测不出这种布展的用意是出于何种考虑。

在人山人海的拿破仑中庭广场，当小蒲帮我拍摄了以 660 块透明的菱形玻璃镶嵌的金字塔为背景的照片后，我问，“在充满古典色彩的建筑中心建造一座有着现代气息的玻璃金字塔是否协调？”小叶便说：“上学时在设计教课书中就读到这一长期争论不休的问题。当年法国总统密特朗宣布启用时，有人批评这是令人憎恶的丑陋作品，并称密特朗像个法老王，想靠它遗臭万年……”小朱也谈了她的见解：“‘存在就是合理’。”

当我站在塞纳河畔仰望高耸入云的埃菲尔铁塔时，我想起它是在一片抨击、漫骂和反对声中建造起来的。在抗议书上签名的有莫伯桑、小仲马等一大批社会著名人士，他们声称，黑铁以它野蛮的格调破坏了整个巴黎建筑的氛围。如今，它却已成了巴黎最美的景点。”小蒲赞赏道：“同样，玻璃金字塔也成了巴黎最有名的景点……”我说，“贝聿铭并不认为当初设计失当，但没有想到来者如潮，对此他感到吃惊‘人们互相推挤，这地方令人不愉快’。”

我已直逼古稀，他们是 80 后的一代，年龄上的差距并没有影响我们对艺术的审美情趣。他们乐意与老人结伴而行，我不亦乐乎。

塞纳河右岸的那些老街窄巷，都是用小方石块铺成的弹格路，从溜光水滑的路面即可感受到岁月的苍桑；那随处可见的屋墙斑剥的奥斯曼式建筑，仿佛带着我们走进了时光的坠道，千年的巴黎历史和现实似乎只是一瞬间。小朱感叹道：“几个世纪来，有多少朝代的更迭，多少风云的变化，可是巴黎没有变，依然充满着往昔的生活气息！”

一个人见人爱的姑娘，居然发出了如此深沉的感慨。我不禁仔细地打量她，紫红色的风衣配米色羊毛开衫，低调中透着大方。她虽略带娇媚却透露出讨人喜爱的纯真；举手投足虽稳重却浑身洋溢着青春的活力。可看出，她是一个懂事而能掌握分寸的人。她能讲一口流利的英语又喜爱摄影，但不愿把自己摄入镜头，拿着相机反复拍各种景色，尤其对各种建筑情有独钟，拍了左右前后，还要横拍竖拍……其间，她既认真又欢快地给我拍了一张又一张的照片。在交谈中我问她，“你拍这么多建筑物的照片干什么？”她回答，“建筑是凝固的音乐。回去后我还要慢慢地整理归类。”我不无惊讶地说，“这是你的爱好！”她点点头，说，“这里每一幢建筑都很美，美到让你不能等闲视之。”她含笑补了一句，“我的专业是建筑设计。”原来如此。她并非怀着单纯的游山玩水的心情走马观花，而是用一种专业的视角来品味一景一物。这也难怪她因过于忘情地拍摄几乎与团队走散……

凡尔赛宫位于巴黎南郊凡尔赛镇，是举世闻名的西方古典主义建筑的杰出代表。我们用走马观花的速度参观了17个厅室，每一个厅室的陈设及装潢极其豪华富丽，四壁都装置着十分珍贵的雕塑和油画，还有名贵的古玩，尽显雍荣华贵，也极富艺术魅力。其中的阿波罗厅，是法国国王的御座厅，布置极为奢华富丽，天花板上有镀金雕花浅浮雕，墙壁是深红色金银丝镶边天鹅绒，中央为纯银铸造的御座，高2.6米，位于铺有深红色波斯地毯的高台之上。

镜厅又称镜廊，面临西花园，是凡尔赛宫最著名的大厅，一端是面向花园的17扇巨大的落地长窗，另一端是由400多块镜子组成的巨大镜面。厅内地板为细木雕花，墙壁以淡紫色和白色大理石贴面装饰，柱子为绿色大理石。柱头、柱脚和护壁均黄铜镀金，装饰图案的主题是展开双翼的太阳，表示对路易十四的崇敬。天花板上有24具巨大的波希米亚水晶吊灯，还绘制了歌颂太阳王的油画。大厅东面中央是通往国王寝宫的四扇大门。路易十四时代，镜厅中的家俱以及花木盆景的装饰都是纯银打造，这里经常举行盛大的化妆舞会。镜厅西临花园，从窗口向外望去，则是一座规模宏大的皇家园林，其设计典雅而精致，是凡尔赛宫有机的组成部分。园中拥有众多的花圃林木雕像及美丽的喷泉，风景如画，十分迷人，堪称法国式园林的典范。

步出宫殿，站在高于景区的平台自上向下望去，中轴线上布满绿色草坪，左右两边是对称的两个清彻的水池及众多呈几何图形的花坛、小树林。中轴线再往下是十字大运河，右边是小特丽亚侬、大特丽亚侬和玛丽·安托奈特园林。

拉多娜池和阿婆罗池的池水秀美清沏，静如明镜；沿池伫立着100尊姿态生动的女神铜像。神采飞扬的方施，接连给我拍了以水池和各种姿态的女神为背景的照片。她还要我选择景点，我婉谢了，催促她快去与同伴为伍。

参观凡尔赛宫时我想到了故宫；神游凡尔赛宫后花园，我想到了

巴黎凡尔赛宫后花园

颐和园和圆明园。我在水波不兴的两池之间徘徊沉思,回想起当年我曾经怀着沉重的心情走进圆明园,凭吊这个给中国人留下永远疼痛的遗址公园。面对断垣残壁,我的耳畔似乎响起了法国大文豪维克多·雨果曾用诗一般的语言称赞这座“神功壮丽空前古”的皇家园林:“在世界的一隅,存在着人类的一大奇迹,这个奇迹就是圆明园。”“一个近乎超人的民族所能幻想到的一切,都汇集于圆明园。”“一种如同月宫似的仙境,那就是圆明园。”“一座集人类想像力之大的灿烂建筑以宫殿的形象出现的,那就是圆明园。”“它仿佛在遥远的苍茫暮色中隐约眺见的一件前所未知的惊人杰作,宛如亚洲文明的轮廓崛起在欧州的地平线上一样。”可以说,雨果的称颂并没有丝毫的溢美之意。圆明园确实是世所公认的“万园之王”,“万宫之冠”!在此不仿作一比较:圆明园是凡尔赛宫后花园的 3.5 倍;众口交誉的西方古典艺术荟萃之所的梵蒂冈,面积不到罗浮宫的三分之一;然而,号称当今世界第一艺术博物馆的罗浮宫,其规模和藏品,外观和内涵,时空和建构等等,都不足圆明园的十分之一。当然,东西方的宫殿建筑,都是建筑史和艺术史上无与伦比的璀璨明珠!令人万分痛惜的是，一座“珍藏着中国历史悠久的艺术，精美而价值连城”的“前所未见，世无其匹”的“月宫仙境”。不幸毁于侵略中国的英法联军之手！

痛哉！哀哉！面对法国古典主义艺术最杰出的典范——凡尔赛宫，我发思古之幽情，感慨万端！我突发遐想，圆明园幸免遭难，外观依然雄伟壮丽，内部依然精湛无比，并以拥有众多的艺术瑰宝而傲视天下。

凡尔赛宫可以说是欧洲皇家园林的代表。欧洲皇家园林要求体现轴线、对称以象征君权，而中国皇家园林如颐和园、圆明园，在主要建筑中要求中轴对称，主次分明，但又善与地形地貌结合，因地制宜。再者，欧州的皇家园林气势磅礴奢华，将皇家的霸气展现到极至，而中国的皇家园林则在充显豪气的同时更注意意与趣的结合，使景观美得画中有画。中国园林的含蓄相对于欧州园林的直观美来得更有内涵更有韵味。这说明中西方园林在设计中和结构中都渗透着本土的深厚的地域文化。

进行比较方可互见其长。纵观东西方皇家园林艺术和园林建筑，在人类社会发展史上都是瑰丽多姿的伟大创举，都为世界艺术史、建筑史贡献了丰富多彩、各具千秋的雄伟的艺术成就，展现了人类灿烂的智慧之光芒。

凡尔赛宫不愧是举世闻名的西方古典的园林建筑，始终是法国封建统治历史时期的一座华丽的纪念碑。

瑞士是一个山区小国。我想，整个旅程一定会像上庐山那样，驾驶员小心翼翼地顺着充满险情的盘山公路，盘上盘下地翻山越岭。出乎意料之外的是，穿山而过的高速公路。使汽车可以在苍莽的群山中长驱直入。这完全得益于开山劈石而筑成的无数隧洞。最长的一个隧洞竟有 17 公里！

马克·吐温说：“瑞士的山有灵魂，有思想，它们是不同凡响的。”旅行车在阿尔卑斯山的高速公路上穿行，我重温着这位文学家对瑞士的赞赏之语，一路看尽“一山有四季，十里不同天”的林木生态：山脚下,草场青青,花色奶牛在悠闲地吃草,还有倒映在高山湖泊中的雪峰;山腰,森林茂密,冷松、云松依旧苍绿,而白桦林、杨树一片金黄,枫树成团成丛仿佛燃烧的火焰;山顶,“冰帽”形态各异,“雪冠”扑朔迷离……汽车穿行一个又一个隧洞,一座又一座桥梁,田畦整齐如刀裁,散落于山间的农舍——山地木屋或依山或临湖;山坡上下,屋前屋后,到处是成片成片的如茵的草坪……坐在我前排的方施,也是一个年轻的姑娘,她的活泼、调皮、热情,我天天耳闻目濡:有时她转身悄悄拍下后座同伴瞌睡的模样,然后弄醒同伴把显示屏送到他们面前,3 位同伴看着她抓拍的成像,被逗乐得开怀大笑;有时她把买来的东西塞在一位同伴的连衣帽中,自己窃笑不止……她喜爱拍照,一忽儿朝左一忽儿朝右,透过车窗玻璃把稍纵即逝的景色尽兴摄入镜头。我问她,“你是摄影爱好者?”她回答:“我是着了迷,到处都是绿,绿得看不到一丁半点的杂色。农夫像在大自然中绣花,一针一线精心缝制,把田种得那么谐美生姿!看着绵延不绝的田园风光,有一种清心爽目的舒适和快意。”她那充满情趣的可爱的模样给我留下了深刻的印象!使我分享到了年青人的快乐。

铁力士是阿尔卑斯山脉在欧州中部的最高峰。英格堡是铁力士山脚下的乡村小镇。上山的接待站地处小镇的一侧。小叶和小朱邀我同乘索道吊车,也许被年轻人的活力所感染,老夫聊发少年狂,虽无体力登临绝顶,也决意跟着他们上到 3 020 米的峰巅。上山需换乘 4 种不同类型的缆车。当吊车游走天际片刻,便换乘另一辆相类似的吊车,接着转乘 80 人的厢体式缆车继续上升,到了 1 800 米的高度,乘上设计十分独特,可旋转 360 度的观光缆车。在悠悠然旋转中攀升,游客可全视野地饱览天上地下的美景,这真是一项极富创意的既新鲜又刺激的遨游阿尔卑斯山区上空的旅程。从坐进悬空吊车的那一刻起,扑入眼帘的尽是白玉琢成,水晶磨就的山峰、山脊、山谷……到达峰顶的观景平台,放眼望去,我们被眼前的景色迷住了,身披玉衣雪裳的山峰,千姿百态,竞相入霄;自然天成的奇俏冰川,在时有时无的阳光下若隐若现如宝石闪光……小蒲、小叶、小朱欢呼蹦跳，挥舞双手，似乎要把所有的雪景都揽进自己的怀抱。清新的空气令人精神一振，我则仰起头，大口大口吸进新鲜的空气。我患有过敏性鼻炎，外出旅游也带上了该服用的药物。奇怪的是，踏上欧州的旅途后，长年不治的鼻炎居然不知不觉中消失弭患。后来在交谈时得知，有几位同病的患者，都自然而然地不流清水鼻涕，或不打喷嚏或鼻塞通了。团友中有一位是医生，她说：每天多呼吸新鲜空气，对治疗大有裨益。

瑞士铁力士山峰冰洞

我和3位年轻人站在观景平台上，四周的银山雪海尽收眼底。小蒲说，“不是说在这儿可以看到法国的浮日山脉、德国的黑森林、意大利的佛伦罗萨？”

小朱用陶醉的口吻说：“那是用夸大的词汇来形容铁力士的高耸入云。其实，我希望有更多的时间让我尽情欣赏冰雪世界的晶莹和奇特。而当我惊异于它的美丽时，它却在云雾中蓦然消失，给人留下了一丝丝惆怅。”

小叶笑着说，“小朱，你是在做诗吧！这是多么美丽的一幅画，可惜不能去探雪、访雪，姿意领略雪的情趣。我真想在雪坡上打个滚，那一定比夏日在草坪上翻滚更痛快，更惬意。”

我们沉醉在高山雪景的诗情画意中。沐浴在金色阳光中的座座山峰，那样一种浩瀚博大壮阔的美，简直让人呼吸凝滞。良久，我们从沉醉中醒来，举步进入犹如迷宫般的万年冰洞。

长长的洞穴四壁皆冰，光洁润滑，幽深曲折。原以为寒冷难熬，未曾想到洞内有凉意，而无寒意。8 000 多支白中泛蓝的灯饰，并配以红色灯光所形成的五彩斑斓的光影，透过变幻的光学原理散射、漫射、折射出来，使洞中有洞，大洞连小洞的冰天雪地更加晶莹剔透。交织的灯光打在身上，脚步也不自觉地轻盈起来。我们过木桥，转洞窟，看冰雕……恰似在迷幻般的梦境中探险，尽情享受了冰雪带来的莫大快乐。走出了千年绝景“水晶宫”，余兴未散，在景观平台，我们 4 人以层峦叠嶂，雪峰千仞为背景，留下了老少相融的合影。从荧屏上看，我们年龄不同，灿烂的笑容却是相同的。

小方与 3 位同伴，也站在我们的位置合影。他们的脸上也绽开了灿烂的笑容，小方还用脸蛋靠在同伴的肩膀上，并略微跷起一只脚，活脱脱显现出她奔放潇洒的动人风采。

汽车驰出英格堡小镇的山谷，一汪闪亮的湖泊出现在眼前；当我忘情地欣赏着蓝得既透又黝深的湖水，汽车似乎驰入了山穷水尽疑无路的境地。一转弯，峰迴路转，绸带似的公路在延绵的山峰中飘向远处；正当我惊喜地眺望青山翠谷——白云深处有人家——古老的木质农舍，山岗下亮得扎眼的粼粼波光，以及湖对岸点缀于山间高高低低的一幢幢红的、橙的各色艳丽的房屋吸引了我的视线……为什么屋顶外墙门窗都被漆成各种颜色？据说，是为了打破漫长冬日的沉闷，给山居的家园增彩添色。汽车穿行于青山翠谷。错落有致的山，绿得那样苍翠并簇拥着湖；玲珑剔透的湖，蓝得那样清澈并点缀着山。湖光山色与远处若隐若现的皑皑雪峰交相辉映，向人们展示着它的雄浑神奇之美。从而使我从真正意义上体会到了“山是瑞士之魂”的真正含义。

日近黄昏，汽车驰入位于图恩湖和布里恩湖之间的因特拉肯，停靠在镇中心何维克街边一片名为 Hohematte 的宽广绿地的路旁。因特拉肯拉丁文的原意即是“两湖之间”。这是一个因观光而兴起的重镇，是前往少女峰的必经之地。少女峰海拔 4158 米，横亘 18 公里，被称为阿尔卑斯山的“皇后”，是阿尔卑斯山的最高峰之一。Hohematte 草坪为昔日修道院的庭园，站在这儿可以远望少女峰的身影。微微吹来的山风，带着雪山的凉意和清新，那种让疲劳顿消的舒畅啊，简直像是心肺都被沁透了。我们兴奋地朝西北方向望去，皑皑白雪覆盖着山顶，半山间飘着云雾，山上还有若隐若现的点点灯光，少女峰宛如一位少女，披着长发，银装素裹，恬静地仰卧在白云之间。显得那么遥远、神秘、不可思议。

旅程紧凑，没有更多的时间可去浏览街景。小蒲、小叶、小朱和我便去韩国食肆共进晚餐。

在乡村旅馆，晨光中，我抓拍到小叶和小朱站在阳台上随意的身影。这是偷拍。我相信她俩不会介意。起先陌路相逢，我劳驾他们帮我拍照，拍完我便说声谢谢，他们就说不要客气。渐渐地，彼此不再以礼相待，若需拍照，我便说，“来，帮我拍一张。”他们也会说，“曹老师，这边的景色好，我帮你拍。”经朝夕磨合，彼此熟了，相交甚欢，也就不再拘谨，只要景色适宜，也就无所顾忌，或互拍，或抓拍。回沪后小叶发来 3 张我和小朱坐在贡多拉小舟上的照片，小朱、小方也发来了照片，以及我发给他们的照片，都是在对方全然不知的情况下偷拍的。瞬间的捕捉，记录了各种动人而精彩的画面。

我庆幸能与年轻的朋友成为同路人。他们朝气蓬勃，尊长助老，帮我不知拍了多少照片，我购物付账全仰仗小蒲、小叶和小朱帮我带来方便。他们不厌其烦，有求必应。一路上，还时不时地搀扶我。他们对我越是照顾有加，我越是提醒自己不要过多的打扰他们，不该占有他们更多的时间和空间，绝不能得陇望蜀。在巴黎老佛爷百货商场，他们一进门就径直来到化妆品和香水的专营区，一寻觅到自已心仪已久的品牌，便立即刷卡取货；一俟见到小饰品，挑来挑去，件件爱不释手，恨不能把整个商店搬回到家。见此景况，纵然要请他们帮我询价，我也退避三舍，以免打扰了他们的购物热情，成了他们的包袱。总之，凡是能在一定范围活动而不至于孤雁失群，我就随心独行。

今晨 5 点半，教堂一声一声的钟声，清晰而响亮，穿透了无边的黑暗，来到我的枕边，惊破了我的睡梦。昨晚临睡前，教堂敲起十二点的钟声，我一对手表，不差分毫，钟声是那么准时，在该结束处结束，但是余音袅袅。

我抓紧时间孤身一人走出乡村旅馆，一心想去看看异域的秀山美水。见山心喜见水情动的嗜好，是年轻时有机会常去皖南山区观山阅水而养成的，从而对山环水绕的大自然产生了深厚的感情。我欢喜那被绿树掩映的农舍，我欢喜那充满灵性的飞瀑流泉，我也欢喜循着林径走入林中深处。

村野尚未醒来，乡村的宁静仿佛凝固了时间，近处的景物一片朦胧，周围起伏的山峦更是渺茫，像影子。我惊喜地发现前面有一条曲折蛇行的小溪。我驻足石板桥上，观赏着由冰雪溶成的溪流。溪水清浅，卵石鲜明醒目，没有丁点淤泥，一波一波的细微水纹流淌不息。溪畔，乡村小路顺着河床一直到一幢橘红色 2 层板房前分成 2 股宽窄不同的小道，宽的通向外面的公路；窄的成了小径，蜿蜒着遁入山坡的林中……我迷恋于树叶凋零的凄美，尤其醉心于红枫在秋色中一枝独秀，尽显妖娆。观景心切，多么想步入野趣盈然的山间密林，去感悟蕴藏于山水之间的天地之灵气。但是，我不能随心所欲，必须遵守团队集体活动的作息时间。我折返乡村旅馆，抬头看到小叶和小朱站在 2 楼阳台上的倩影，于是举起相机，晨光中……

可以这样说，欧洲各个城市的广场和公园，都是颂扬英雄和伟人的活动场地！各类人物的雕塑、纪念历史事件的门楼和碑塔、彰显活力和动感的喷泉和广场鸽，构成了公园、广场文化的丰富的内容。

佛伦罗萨的希纽瑞阿广场，犹如一个露天雕塑馆，四周陈列着那么多的文艺复兴时期最美的雕像，

米开朗琪罗的“大卫”(复制品)。大卫是圣经里的英雄，曾经打败了巨人哥利亚。仰视雕像，大卫右手轻握一颗抛射用的石头，脸向左微侧。他相貌优雅，目光坚定，充满自信，那从容的意态和勇猛敏捷的气势，准备给已经倒下的敌人来个致命一击。

海神喷泉，水池正中海马拉的双轮车上站着巨大海神波塞冬；手持三叉戟武器的海神，足下有四个骑在海豚上的半人半鸟的精灵，泉水从乳房部分喷出，造型姿态相当特殊。

“掠夺萨宾的妇女”所塑造的是罗马士兵强行劫夺邻邦萨宾妇女为妻的情节：士兵、萨宾妇女和她无奈的丈夫这三个人物纠结缠绕在一起，萨宾娜高举起左臂，似乎在挣扎，呼喊自己的亲人救助她，而她的无奈的丈夫被推倒在地上，绝望地看着自己的妻子活活给敌人抢走……整座雕塑以其复杂构图和有力的组合形成一个美妙的艺术整体。

常言道，会看的看门道，不会看的看热闹。我不懂雕塑，是乘兴看热闹。我想，面对这些林林总总的艺术形象，即使再不懂雕塑的人也会情不自禁地对它产生兴趣。因为，每一尊雕塑都在诉说着一个个英雄的动人的传奇故事。广场上群雕的落地生根，表达了该市的市民崇尚英雄、崇尚伟人的情结，无不透露和展示了这个城市的精神和灵魂，也成了佛罗伦萨人骄傲和战斗精神的象征。这种广场文化的创意，似乎比现在的影像技术更能触动人们的心灵。

如何判定这些雕塑的年代呢？据说有一个简单的办法：若雕塑人物穿衣服的，则是2000年以前，不穿衣服的有500年的历史。

我们流连于一尊尊的雕像之间，一边拍照一边议论。小朱说：

“‘大卫’全身突出隆起的肌肉，充满了力与美的视觉享受。”小蒲说，“虽说这雕像是复制品，却丝毫不减大卫的英姿与神韵。”小叶说：“那些皱折，让人无法想像是用石头雕刻出来的。如果不对人体经络进行研究，是不可能勾勒出如此精巧匀称的线条。”小朱说：“这无疑揭示了那个时代科学的发展，至少证明了解剖学已经被艺术家掌握运用。米开朗琪罗的伟大就在于他将禁锢在石头中的生命解放了出来。”我说，“这些充满艺术魅力的石头人走出室内和殿堂，终年不息地伫立在城市的各个区域，和市民朝夕相处，与周围的老楼旧宫相映成趣，为城市营造出厚重的历史氛围，加重了艺术气息，凸现了人文思想，成了有生命的‘市民’。”

……

一个小小的佛伦罗萨，何以成了文艺复兴的发源地，并树起了一面人文主义的大旗，波及法、德、英、荷兰等国，使当时的西欧思想解放，文化艺术、自然科学得到了极大的发展。

广场上威基欧大厦，与托斯康纳大公——梅迪奇·科西摩一世骑马的青铜雕像相呼应，似乎骄傲地向游人无声地讲述它们与这个城市相关联的历史和渊源。

威基欧大厦又称旧宫，建于13世纪。它曾经是掌握着欧洲最庞大财富的梅迪奇家族的府邸。粗壮简朴的砌琢石墙面是大楼的特征。旧宫上的塔楼高94米，是意大利标志性建筑之一。它一度是佛罗伦萨的市政厅，如今，这一官僚大楼变身为艺术中心，成为意大利最大的美术馆，藏有文艺复兴时期最著名的绘画作品：波提切利的《维纳斯的诞生》和《春》、达·芬奇的《天使报喜》、米开朗琪罗的《圣家族》。这里每幅作品都有命脉与呼吸，流动着千年不竭的灵性和神韵。

广场面对旧宫的左前方，矗立着梅迪奇家族科西摩一世的雕像，当了解这位大公曾经对文艺复兴作出了无与伦比的贡献，谁也不可能无动于衷。

科西摩一世是工商界巨头。他为意大利文艺复兴做出了特殊贡献。他热爱古典艺术，大力资助学者，四处搜集拉丁手稿，出资让学者翻译希腊文典，鼓励建筑师吸收古典形式，雕刻家模仿古代人物雕刻。没有他的金钱，人文主义者和艺术家追求古典的理想将化为泡影。米开朗琪罗13岁时被这个家族所发现，其后科西摩一世便培养他学习雕刻；还是这个家族，资助了拉斐尔，为其铺垫了踏上成为艺术大师的红地毯。在文艺复兴初期，正是缘于对艺术的追求和对家乡的热爱，梅迪奇家族周围聚拢了一批群星般闪耀的艺术家，使佛罗伦萨成为欧洲艺术文化和思想的中心。

但丁，文艺复兴的奠基人，他不但倡导统一意大利的民族语言拉丁文，还写出了传世之作长诗《神曲》，史诗般地反映了当时的社会概貌和矛盾，全诗流露了对封建礼教和神权的轻蔑和批判，拉开了文艺复兴的序幕。

人文主义大师薄伽丘是文艺复兴时期的斗士和旗手。他的作品《十日谈》以诙谐和幽默，辛辣和充满战斗力的笔调刻画了教会的黑暗和教士的虚伪和腐败……

在佛伦罗萨城附近诞生的大画家达·芬奇，他以佛伦罗萨一位富裕女子为模特的名画《蒙娜丽莎》，人物仪态端庄，两眼炯炯有神，留给人们永远猜不透的微笑，成为巴黎卢浮宫博物馆的镇宫之宝。

出生在佛伦罗萨城的建筑大师米开朗琪罗受人文主义精神支配采用现实主义的方法和浪漫主义的幻想来创作作品，表现了当时平民阶层爱国主义和为自由而斗争的精神风貌。那耸立山腰上的代表作《大卫》雕像，健康、自信又神情自若，当时被认为是一种象征为正义事业而奋斗的力量。

显而易见，佛伦罗萨是许多伟大艺术家的精神故乡。达·芬奇、米开朗琪罗、拉斐尔、但丁、薄迦丘、伽利略等历史巨人是在此开始了辉煌的艺术生涯。也正是他们的伟大创造，使得这座城市成为文艺复兴的摇篮和古典艺术的圣地。

梵蒂冈在拉丁语中意为“先知之地”。梵蒂冈圣彼得大教堂是全世界最大的一座教堂。整栋建筑是一座长方形的，呈现出一个希腊十字架的结构，造型非常传统而神圣。教堂最早是建于公元 324 年，原始的构想只是一座小会堂，建于耶稣最得意之门徒圣彼得墓穴的正上方，在十五世纪时开始改建，其中历经多位顶尖的建筑师和艺术家参与修改，终于在 1626 年完成了气势宏伟的雄姿。

走进圣彼德教堂，其宽阔细腻，金碧辉煌，令人惊叹！教堂内从上而下，从里而外，其每一寸都堪比一寸黄金。大堂内共有 11 个小堂，50 个祭台，约 450 尊雕像，500 根石柱。屋顶和四壁都饰有以《圣经》为题材的绘画，不少是名家作品。每个人都可以把梵蒂冈当成一本书来读，一本超越政治、利益、金钱的人类文明艺术史的教科书。艺术珍宝比比皆是。每一件艺术品洗去了几百年人世浮沉的伤痕，洗去了俗世荣辱的尘嚣，尽显纯美艺术的精美神巧。那透过精美神巧所洋溢的创作激情，再冷漠的人也会热血沸腾。

最惹人注意的雕刻艺术杰作主要有三件：

一是米开朗琪罗 24 岁时雕塑作品。圣母怀抱死去的儿子的悲痛感和对上帝意旨的顺从感在作品中刻画得淋漓尽致。这里所表现的圣母难以掩抑的哀怜与米开朗琪罗以后的作品迥然不同。

二是贝尔尼尼雕制的青铜华盖。它由 4 根螺旋形铜柱支撑，足有 5 层楼那么高。华盖前面的半圆形栏杆上永远点燃着 99 盏长明灯，而下方则是宗座祭坛和圣彼得的坟墓，只有教皇才可以在这座祭坛上，面对东升的旭日，当着朝圣者举行弥撒。

三是圣彼得宝座，也是贝尔尼尼设计的一件镀金的青铜宝座。宝座上方是光芒四射的荣耀龛及象牙饰物的木椅，椅背上有两个小天使，手持开启天国的钥匙和教皇三重冠。传说这把木椅是圣彼得的真正御座。

教堂中央直径 43 米高 138 米的金壁辉煌的圆形穹顶，是米开朗琪罗在 71 岁高龄时，以“对上帝、对圣母、对圣彼得的爱”的名义，所致力的杰作。穹顶双重构造，外暗内明，强化了黑暗与光明的对比，站在祭坛前仰望从大拱形屋顶投射进来的一缕阳光，我觉得那明亮鲜艳简直能照亮人的灵魂。纵然我不是天主教徒，也不免有一种超凡入胜、庄严肃穆的感觉：人生的短暂、生命的渺小、宗教的崇高、精神的永恒、艺术的伟大……

按照天主教的丧葬传统，神职人员去世后，大多安葬在他任职的那个教堂附近的墓地或者教堂地下。陵墓是欧洲教堂必不可少的部分，圣彼得自然也没有例外。里面布满了大大小小的教皇陵墓，分为三层，呈现三角形的结构。在半圆形的小穹顶内，第一层是教皇威严的塑像，中间是基座。左右两旁的下方是具有宗教象征意义的雕像，它们往往倚在中间的门或棺龛之上。整个圣彼得最瞩目的要数出自贝尔尼尼之手的教皇 Alexander Ⅶ陵墓。上两层有教皇双手合什的跪像和基座，但棺龛这部分由一条深红色大理石毯子取而代之，上面的皱折几可乱真。有趣的是，毯子下有一个仿佛从门缝里爬出来的骷髅，它一只手挣扎着要掀开盖在他头上的毯子，另一只手高举一个沙漏，象征着时间的流逝和死亡无可避免的降临。两旁也有两座雕像：慈悲之神抱着孩子，妩媚地抬着头。真理之神则披散着头发，悲伤地捂着胸口，传达出深刻的痛苦。

许多虔诚的教徒站在各位教皇陵墓前默默祈祷。

教堂外的圣彼德广场，是天主教徒心中圣地，由贝尔尼尼设计，被赞誉为“世界上最对称最壮丽的广场”。东侧梵蒂岗旅游咨询中心、礼品店和邮电局，西侧台阶上有圣徒彼德和圣保罗巨型雕塑像。教堂两翼共有 284 根火山岩石圆柱和 88 根方柱。分排四列，形成三条走廊。朝向广场的每根石柱顶端平台上，各有一尊 3.2 米高的大理石雕像，他们都是罗马天主教会历史上的殉道者。广场中央方尖石碑碑尖是耶稣受难的十字架造型。据说此碑公元 40 年从埃及运来(高 25.5 米，重 320 吨)。左右两边是喷泉。方尖碑和喷泉之间有一块镶入地面的圆石板，站在这块石板上看柱廊，前后四排圆柱变成了一排，煞是奇观。这是贝尔尼尼匠心设计的透视效果。

广场两侧的柱廊环绕成椭圆型，象征圣彼得教堂的“教堂之母”地位。贝尔尼尼说，柱廊犹如一双手臂，慈母般地拥抱天主教徒……

广场外端有一长排小石礅，上面垂挂着细细的铁链。就是这条最普通不过的低矮的马路隔离带，成了意大利和梵蒂冈的国界线。刹那间我们一步跨越国界，但“城中之国”依然令我们流连忘返，小叶不无感慨地说：“两千年前的简单墓地，如今是世界上最宏大最壮丽的天主教教堂。”小蒲激动地说：“我们被梵蒂冈辉煌的艺术瑰宝所震撼！”

夕阳下，小朱俏皮翘起纤细的小指支撑“行将倾倒的”比萨斜塔时，小方亲热地说：“美女，我来把这一瞬间的美变成永恒！”她给小朱冠以“美女”的昵称，并非言过其实。小朱脸若鹅蛋，清丽、雅致，加上垂肩长发，风采焕然。她单名瑾。瑾，美玉也！人符其名。小方也挺漂亮，长发披肩，活泼、聪慧的脸上总是笑容可掬。她取名施，施舍、施展……好一个“施”字了得！为了摄下斜塔的全貌，她干脆躺在地下，还用脚示意小朱摆正姿势。可惜，我没有把两位姑娘那种俊秀灵敏的动感美摄入镜头。小方发来的电子邮件，落笔不俗，热情中既风趣又不忘调侃：“在比萨斜塔帮小朱拍照时，因距离近无法选择好的视角，只得就地躺下，换个角度试试看，嘻嘻。其实那些石头地面既不脏也蛮舒服的，就是有点凉凉的……”

我和小朱离开了斜塔，绕过大教堂和洗礼堂，正欲穿过草坪，却被城墙外高坡上亭亭玉立，高耸如华盖的地中海松树所吸引。也许是那种粗壮挺勃，笔直向上，高过百尺的松树形体，与倾斜的比萨塔形成强烈的对比，我若有所思地问小朱：“从建筑设计的角度来看，你认为有没有可能把倾斜的比萨塔矫正？”小朱不假思索地回答：“能！上海音乐厅可以平移60米，上海展览中心能升高的方案虽未实施但已见雏形。由此可以推断，不论是现代的设计理念，还是施工的先进设备和精密的测量仪器，都可以有效地形成纠偏的实施方案并取得

意大利比萨斜塔

成功。”我追问：“那为什么不把它改斜归正呢？”小朱笑了笑说：“正因为比萨塔斜而不倒，才成了一个撩拨人心的诱惑。喜爱猎奇是人的天性。塔中的异类，名闻遐迩，必定会吸引各国的游客纷至沓来。可以肯定，各种纠偏方案的定位，无非是虽摇摇欲坠，却可长生不倒，绝不会让其堂堂正正，站如松，坐如钟。”毕竟是搞建筑设计的，真知灼见一语中的，我发出了会心的微笑。

我们来到了最不可能建造城市却建成了海上水城的威尼斯，在圣马可广场，我把镜头定格在小蒲和小叶各自一手抱着灯柱，一手斜向伸展，然而形成合二为一的蝴蝶纷飞的姿态。在他俩的周围，广场鸽忽而掠过忽而俯冲，或成群或三三两两栖息在地上。相亲相爱的俪影，与众多的广场鸽和谐相处，这是一幅多么富有浪漫情调的人鸽同欢的广场文化景观。我赶紧揿下了快门。估计这张合影的姿势一定是小叶的主意，小蒲言听计从。

自从在艾菲尔铁塔上，我为他俩拍下相拥偎依在高空的照片后，我就发现，这是一对非常非常恩爱的小夫妻，彼此的内心纯净得惟有对方。小蒲始终用温情的目光望着小叶，爽朗的小叶也经常既嬉闹又撒娇地倒在小蒲的怀里。内向的小蒲朴直忠厚，在家里，他一定是一个有责任心的好丈夫，在海关，必定是一个循规蹈矩，一丝不苟的公务员。他俩的名字挺有意思，一个叫冀蔚，一个叫婉青。既富有诗意，又能引发联想；既寄寓希冀，也重于激励。

威尼斯水城

威尼斯素有“亚得里亚海明珠”之称，群楼缘水而筑，住宅傍水而居。拜伦曾这样描述他眼中的威尼斯：“许多建筑物忽从河里升起，仿佛魔术师挥动魔棍后出现的奇迹。”乘坐首尾高翘，轻盈娇健，由船夫摇橹的“贡多拉”，在四面贯通的千曲百折，绵延水道中晃悠着渐行，左观右望，两岸弥漫着十五十六世纪气息的哥特式、文艺复兴式、或是巴洛克式的建筑，与周围耸立的古老的教堂、宫殿竞相呼应。在令人心醉神迷的畅游中，既尽兴体验了意大利的浪漫风情，又会产生一种难得的休闲恬适之感。世界各地闻风而来的游客，身处开门见水，出门乘船的独特的环境中，时续不断发出的欢快笑声，在水巷里漂荡不息。

小舟徐徐驶过徐志摩笔下忧伤的"叹息桥"。威尼斯是西方最早立法的一个古老城市，古时当人们触犯了法律便被送往叹息桥对面古老的石砌牢房中服刑，受到海风、烈日的狂吹和曝晒，因此许多失去自由的罪犯通过这座桥时都会发出哀声的叹息，叹息桥由此得名而闻名于世。

望着那一幢幢紧闭门窗的小楼、颓然剥落而裸露的斑驳红墙、门锁和铁栅栏锈迹斑斑的破旧豪宅，以及被海水侵蚀，不堪入目的墙基，不由得让人感到那种人去楼空的苍凉。小朱用伤感的语调说："也许不久的将来，漂浮在碧波上的威尼斯已经不是一个浪漫的梦！"她紧接着又说，"不过，威尼斯'靠水吃水，和谐统一'的规划特色还是值得借鉴的。"

弃舟登岸后，我与小朱走在团队的最后面。小朱依然拿着相机随意拍摄。当我跟着团队转过小巷走了一阵，猛地发现小朱并没有尾随其后，我赶紧奔到十字路口，却依然不见她的踪影，我发自内心的焦急油然而生。幸好即刻就看到了她和导游回来的身影。她发来的电子邮件文如其人，那活泼风趣和不泯的童心跃然纸上："在威尼斯圣马可广场走丢了，回来看到您焦急的眼神，心里暖暖的，就像自己的爷爷，非常亲切，真想给您一个大大的拥抱啊！放心，以后我会小心注意的。"

奥地利是山地之国，汽车有时行驰在山岚之下、崇岭之上、丛林之中，当穿越蓝色的多瑙河，小方激动不已，她说：湿润的空气中似乎充满着跳跃的音符，海顿、莫扎特、贝多芬、舒伯特、施特劳斯父子的乐章似乎始终在耳畔迴响……

漫步在茵斯布鲁克的老街，在触目可及的视线中，一幢建筑的黄金屋顶，闪烁着耀眼的光芒。

建于590年前的“黄金屋顶”，是哈布斯堡家族因连年战败却又要夸耀国力，便在三楼屋顶用2600多张金箔包住铜板屋瓦，从而来炫耀本身显赫的地位。小方欲为我拍摄以“黄金顶屋”为背景的照片，当她发现我相机的镜头模糊，便哈了一口气，然后用手帕轻轻揉擦。擦毕，又重复了三次。没想到她帮一个老人帮得如此耐心、细心、认真，我被深深地感动了！

当我同小朱、小叶、小蒲走进“黄金屋顶”附近的“施华洛奇”水晶专卖店，如同踏进一座“水晶殿堂”，各种玻璃橱窗里陈列的纯质精致、卓而不群的水晶饰品，琳琅满目，璀璨耀眼，散发出摄人的魅力。美态的饰品总是会诱惑女性的。小叶、小朱迷醉于那些高贵典雅，熠熠生辉的耳坠、挂件……她俩选购了几款后，当得知我欲为夫人购买饰品，便一边陪我物色，一边如数家珍似地介绍，小朱说：“施华洛奇是世界顶级品牌，已有一百年历史。”小叶说：“施华洛奇不仅是人造水晶制品的代名词，也是一种文化的象征。有人说施华洛奇的产品太贵，但同时承认它有一种无法替代的价值——情趣……”经过精挑细选，我挑选了既象征爱情纯洁坚贞，又是时尚界推崇的佳品——彩色水晶项链。

在慕尼黑去法兰克福的高速列车上，我们一边吃着早餐，一边谈论旅途中所见所闻。这次欧洲之旅，虽行程匆促，但沿途居然荟萃了如此密集的，有几百年历史的自然与人文浑然一体的景观。其中感受最深的是，途经的每一个城市，几乎全都保留了百年之前的老城风貌。小朱说，“我们倘徉在巴黎的老街小巷，就像走在老上海的街头。狭窄的马路，五六层高的楼房，每层每户都有落地长窗，而且都有不同图案的铁栏杆……”小叶说：“如果在原汁原味的法式建筑群中，任意建造现代化的大厦，高耸起来，浮躁地伸向云端，那末，永恒的城市——巴黎，原有的风格及和谐也就消失了。”小蒲说：“城市是历史的记忆，城市建设书写着历史，既纪录了翻天覆地的变化，也记录了许多不可再生的珍贵遗产与历史记忆的毁灭。”我说：“城市面貌是历史的积淀和文化的凝结，保存城市百年风貌，承载着延续人文精神及物质遗产的历史重任。”小朱说：“如果在巴黎老城，大量新建高楼大厦，那么传统的符号则成了点缀，纯粹的巴黎也就变得不伦不类。”小蒲加重语气说：“为了保护历史建筑，巴黎是在老城外边建新城，而不是拆了老城建新城。”小叶说：“今天的巴黎，一边是几百年前的城市风貌依旧，一边是灯光闪烁的现代世界。老城建筑经历了时间的考验，新城的建筑等待着时间的考验。”

……

列车在飞驰，我们的交谈还在继续。可以这样说，这是我第一次与80后的年轻人促膝谈心。谈得如此舒畅，谈得如此深入，谈得如此融洽，这是我始料不及的。如果说，这次旅游的意外相逢，使我感受到了年轻人的活力，分享了年轻人的快乐，那么在这一难得的长谈中，使我深深领悟，80后并非自我，并非轻狂，并非我行我素，其实他们是有思想、有见解、有向往的新一代！

不知什么时候，话题转到了喝奶茶。小朱讲到延长路上的优格休闲水吧，小叶立即应和，并讲她欢喜去那里。一讲到这些去处，他们谈笑甚欢，而我坠入五里雾中。当他们提出回沪后，一定要到休闲水吧聚会聊天，并邀我届时也来相聚，我坦率地说：“我从未去过，不过可以断定，一定是适合你们年轻人活动的地方。至于我……”小叶打断了我的话，爽朗地说，“你应该到休闲水吧去坐坐，去感受一下那种幽静清雅的环境，休闲时尚的氛围。”小蒲笑着说，“我也是她拉着去的。后来是我催着她去了。”我说，“我毕竟老气横秋，不想去赶新潮。也许是孤陋寡闻，压根儿不知道休闲水吧为何种场所。”小朱解释道：“相比于传统的茶艺馆或是西式的咖啡馆或酒吧、西餐厅等，以泡沫奶茶、果汁、套餐等饮品为主导，还融合文化时尚元素，特设了书架，上面摆放着各类休闲书籍、杂志等，我想，你一定会喜欢这种弥漫着文化品位的休闲水吧。”

旅游行将结束，虽是浮光掠影的浏览，还是被6国辉煌的艺术瑰宝和美轮美奂的景色所陶醉；和80后虽是短暂的相聚，但他们年轻人的活力和朝气，对我的尊敬和相助，我感同身受，难以忘怀！这使我想起了多年前的一句广告词："今年20，明年18！"我感到自已似乎也变得年轻了！

威尼斯圣马可广场

所以会有如此强烈的感受，是因为作协经常组织离退休人员聚会或去周边旅游。老人们见面后交谈最多的话题是：你最近身体好吗？吃了什么药？我最近吃了某某保健品，效果极好？某某人住院了，某某人病危！机关里的新脸孔都不认识了，只有讣告里的名字是熟的……分手时互道珍重，有人调侃道，活一天就是赚一天！……

和80后相偕同行，多了一份清新，少了一份孤独，成了谈笑甚欢的旅伴。旅伴，也是人生道上不可缺少的一环人际关系，犹如同学，同事，朋友。“道不同，不相为谋也”。以知交友，性格和年龄不同不要紧，“谈笑有鸿儒，往来无白丁”，理念与内涵才是凝结友谊的纽带。

在上海浦东国际机场，我与小蒲、小叶和小朱一一作别。在与小方告别时，当她喊了声“曹老师再见!”后，她的 3 位同伴也此起彼落地喊道“曹老师再见!”我又一次被深深感动了。

连日来，我一直浸沉在欧州之旅的美好回忆中，情不自禁，欣然命笔，写下了标题《与 80 后同行》……

欧州教堂与中国寺庙

周游欧州多国，进入任何一个老城或小镇之前，放眼眺望，首先进入眼帘的是高于房舍，如孤峰耸立的教堂。教堂地处闹市中心，随处即可望见，教堂的钟声则可传到四面八方。

站在塞纳河畔，远眺被誉为“由巨大石头组成的交响乐”的巴黎圣母院，那两座高耸的巨塔使整个建筑显得更加巍峨；十五、十六世纪最早最伟大的建筑，佛伦罗萨的圣母百花大教堂，那鲜艳的大理石块拼成的几何图形，极为显眼而壮观；梵蒂冈的圣彼得教堂，两侧284根大理石圆柱和88根大理石方柱组合而成的迴廊，把教堂衬托得更加气势恢弘；威尼斯圣马可大教堂，5座圆圆的大屋顶，与400根大理石柱子，及4 000平米面积的马赛克镶嵌画，结合得和谐协调，美不胜收。

教堂都是各自独立的单体建筑，不像中国寺庙，以院落形式作为佛寺的布局，大多是正面中路为山门，天王殿，殿内有四大金刚塑像，后面依次为大雄宝殿和藏经楼……教堂那高峻的形体加上顶部耸立的钟楼和尖塔，形成一种向蓝天升腾的雄姿，使人产生飘然超脱尘世之感；寺庙大多坐落于名山之中，耸立于危岩之上，掩映于寒松翠柏之间，给人们心灵带来了清静与安宁。欧州教堂或拥有意大利文艺复兴时期以来的米开朗琪罗、拉斐尔、勃拉芒特和小莎迦洛等大师和众多建筑家与艺术家最高艺术价值的作品，或是融东方拜占庭艺术、古罗马艺术、哥特式艺术、伊斯兰艺术和文艺复兴各流派于一体的综合艺术杰作……那金碧辉煌的圆形穹顶、内墙上美不胜收的壁画和浮雕、精美绝伦的各种雕刻塑像、色彩绚丽的窗玻璃……所散发的无穷的魅艺术力，确实把我深深震撼。

而中国的寺庙，与周围的群山、松柏、流水相呼应，呈现出组合变幻、借境烘托所赋予的和谐、宁静及韵味。

宗教观念、传统文化和艺术趣味的不同，造成了中西宗教建筑艺术的差异。西方宗教建筑重在外现激发人心中的宗教激情，中国宗教建筑追求精神的宁静与平安；西方宗教建筑重物质，重外观，带有“雕刻”的意味，中国宗教建筑重精神，重意境，具有“绘画”美。

中国佛教是有两千余年悠久历史的传统文化，在对外交流上，曾对世界文化的传播做出了不可磨灭的贡献，但何以没有建造出像欧州那样规模宏大，集绘画、壁画、雕刻、浮雕、建筑于一堂的庙宇梵宫？

欧州中世纪是一个漫长的宗教长夜，教皇曾经权倾欧洲，威名赫赫，就像英诺森三世所说，“教皇是太阳，世俗君主是月亮。就像月亮要从太阳那里得到光芒一样，世俗君主的权力来源于教皇的赐予”。教会成了社会的中心，国王只能听命于教皇，不计工本地去营造富丽堂皇的教堂。

神权的统治并非永远一统天下。1804 年，教皇庇护七世被迫前来参加拿破仑的登基大典。当教皇为法兰西第一帝国皇帝拿破仑一世加冕时，拿破仑居然对长达一千年统治的神权进行了挑战，不但拒绝给庇护七世下跪，还从教皇手中夺走皇冠，并自行为自己及皇后加冕。

关于中国的寺庙建筑，建筑学家傅熹年在《中国古代建筑十论》中阐述：“中国的寺庙——神的居所规格是由皇帝来规定的。例如，屋顶的最高规格庑殿顶，是为皇宫主殿及佛殿专用；斗拱只许皇宫、寺庙和王府使用；黄琉璃瓦只有宫殿和佛殿可用，而王府及菩萨殿只能用绿琉璃瓦。可见诸神受到皇帝颇高的礼待，但他们并不能凌驾于皇威之上。其规格在都城不能超过皇宫，在郡县不能超过王府和衙署……”

从两则轶闻趣事也可看出皇权高于神权：

当年乾隆来到普陀山普济寺，天色已晚，叫门借宿。小和尚开侧门迎客。侍从告知乾隆是京城大官，应开大门。小和尚赶紧禀告住持，住持说，什么京城的大官，就是天王老子也不开。乾隆因是微服私访，不好暴露身份，只得从侧门进入。乾隆回京后下了一道圣旨，普济寺的大门除了迎驾永不许开。时至今日，大门依然紧闭，游人只能从侧门出入。

大明寺，创建于南北朝时代宋孝武帝大明年间，因其年号大明，就取其寺名。乾隆皇帝巡游此寺，见“大明”两字，很不高兴，便亲笔将其改成“法净寺”。直至1980年，为迎接鉴真大师像从日本回扬州探亲，才复名“大明寺”。

显然，中国寺庙建筑的发展受制于皇权。然而，倾心于宗教艺术创作的激情，并非能被皇权的樊笼所禁锢。正因如此，才会创造出：“岌岌可危”的悬空寺！古人何以突发奇想，敢于把寺庙建在险不胜险的悬崖上？创造了几乎超越任何人想象的中国建筑史上的奇迹！

敦煌、云岗、龙门、麦积山四大石窟的石刻造像……气势博大，蕴涵深邃，雕刻精湛，是世界著名的艺术宝库！

纵观东西方宗教艺术和宗教建筑，不论教堂的辉煌，还是寺庙的典雅庄重又富自然情趣且有深幽意境，在人类社会发展史上都是瑰丽多姿的伟大创举，都为世界艺术史、建筑史贡献了丰富多彩、各具千秋的雄伟的艺术成就，展现了人类灿烂的智慧之光芒。

漫步圣彼德广场

来到世界上最小的国家，参观了世界上最大的教堂，我被梵蒂冈辉煌的艺术瑰宝所震撼！被誉为由巨大石头组成的交响乐——巍峨的巴黎圣母院，十五、十六世纪最早最伟大的建筑——圣母百花大教堂，有 5 座圆圆大屋顶的威尼斯圣马可大教堂，都没有像圣彼德大教堂那样令人痴迷沉醉，叹为观止。

梵蒂冈圣彼德广场

比宫殿还要富丽堂皇的“圣彼德大教堂”，陈列着意大利文艺复兴时期以来的米开朗琪罗、拉斐尔、勃拉芒特和小莎迦洛等大师和众多建筑家与艺术家最高艺术价值的作品。由四根巨大的旋转柱子构成的华盖、流光溢彩的圣彼得座椅、以“圣经”为题材的壁画和色彩绚丽的浮雕……每一件美轮美奂的藏品，既能和谐地融入整体的布局又能突现自身的唯我独秀。相互媲美，群芳争艳，由此生动呈现了坚轫的宗教信念和深厚的文化底蕴。

以前曾看到过米开朗琪罗的雕塑“母与子”的图片，没想到出人意表的原型有着让人想不到的艺术魅力。圣母玛丽亚怀抱着垂死的耶稣；受难之后的耶稣紧闭着双目，躺在母亲的怀中，而圣母玛丽亚那圣洁的目光没有悲恸，只有母亲的慈爱。她久久地凝视着自己的孩子……

谁能把大理石雕刻得比“母与子”雕像更传神完美！凝望着生离死别的哀痛，我不但没有悲伤，一种美好的情怀却油然而生。一个母亲舍弃自己的儿子让他去拯救苍生，这是何等的大爱和胸襟。我是少数没有在胸前划十字的旅人，但和那些祈祷的信徒一样，都被这蕴涵着对更深层的人性的真诚呼唤而为之心灵震颤。

生命体最大的特征在于“新陈代谢”，石头没有。虽然有的人可以把石头做成石桌、石凳、石柱……但无法改变石头的质地和纹理并赋予其生命。米开朗琪罗创作“母与子”时 23 岁。年少气盛，才华横溢，但他首先是一个虔诚的天主教信徒。他是听从心灵的声音，遵从教会的意愿，用博爱的目光穿透顽石，直到“窥测”到一个充满信念的完整的形象，才动手雕琢，把石头变成一个能给世人传递仁爱的圣像。

教堂中央直径 43 米高 138 米的金碧辉煌的圆形穹顶，是米开朗琪罗晚年的作品，这也是世界上所有教堂中最大的圆顶。站在教皇的祭坛前仰望，我惊奇地发现有一束阳光透过穹顶的天窗投射到殿堂之中，给肃穆、幽暗的教堂增添了一种神秘的色彩。朝圣者说，这是天堂的光辉。

垂暮之年的心血之作，71 岁却勃发奇思妙想，是听到了上帝的召唤而萌生了年轻人的心态？是奉献给基督的最后的礼物，还是为笃信神灵的苍生建造通向天堂的大门！

米开朗琪罗曾声称："他一切的灵感都是天主赐予他的。"罗曼·罗兰则作出如下评价："他的一生就在不息的艺术冲动与创造中渡过。"

我漫步在椭圆形的圣彼得广场。广场的中央，竖有一正方形的大理石纪念碑。方碑的左右各有一喷水池。我一边观赏两侧由 284 根大理石圆柱和 88 根大理石方柱组合而成的迴廊，一边在寻思，教堂内外的地面上磨蹭过多少脚印！？

500 多年前，一双天才的手所留下的无论是建筑、雕塑还是绘画，已成为不朽！一座教堂因人文荟萃更被视为是一座艺术宝库！相较起来，一代又一代权倾天下的教皇，就沉寂得多了。

原是“弃儿”的美男子

一进入佛伦罗萨市政府广场，我被那么多的雕像深深震撼：“海神喷泉”，水池正中海马拉的双轮车上站着巨大海神波塞冬；“掠夺萨宾的妇女”所塑造是罗马士兵强行劫夺邻邦萨宾妇女为妻的情节……十几尊雕塑无一不刻下了文艺复兴的印痕，既显示出它们的

意大利佛罗伦萨市政广场

古老，还很自然地让我想起了佛罗伦萨是人文主义的摇蓝。然而，置身于缕刻着历史人文艺术的氛围之中，已浑然陶醉，物我两忘。来之前，我查阅过“大卫”的资料，一看到屹立在威基欧大厦前的“大卫”的雕像，一股熟悉亲切的气息扑面而来。

大卫被认为是西方美术史上最值得夸耀的男性人体雕像之一。在佛伦罗萨，有三尊大卫的雕塑。横贯全城的阿诺河对岸的米开朗琪罗山岗的半山腰上，也耸立着一尊仿制的、精湛无比的大卫青铜雕像。真真的原作，曾“站”在佛罗伦萨老宫门外的广场上，历经 300 多年的风吹日晒，直到 1873 年，人们才把“他”请进了佛罗伦萨美术学院。

大卫的石材采自意大利托斯卡纳大区的卡拉拉大理石矿。该矿出产的大理石以其产量低、品位高、总量少而倍受瞩目，其产品纹路高雅华贵通体润泽，被欧洲贵族广为推崇。在文艺复兴的年代，许多雕刻大师多采用卡拉拉的大理石来雕刻作品。此块纯白的 4 米多高的石材的命运跌宕坎坷。雕塑家阿古斯蒂诺·迪杜西奥曾计划用它为佛罗伦萨大教堂塑一个巨大的先知者形象，但终因其并非天生丽质而劳燕分飞。此石独守空房 10 年后，另一位雕塑家安东尼奥·罗塞里诺动了测隐之心，最终却因没有有信心使其焕发青春而把它打入冷宫。岂料，坐困愁城达 40 年之久的“深宫怨妇”，居然被 30 岁的米开朗琪罗“明嫁正娶”，他与佛罗伦萨“能匠督察委员会”签下了协议，承诺绝不会切割石料而大材小用，一定做到物尽其用。当时的米开朗琪罗已经名声大振。罗马圣彼得大教堂中的“圣母怜子”的雕塑就是他采用卡拉拉石雕刻。为何对身价低微的“弃儿”情有独钟，不得而知。有一种说法是，“米开朗琪罗用它也许因为它一直闲置，而且不要钱。”

米开朗琪罗用了 3 年的时间，倾注了巨大的热情……1504 年，像高 2.5 米，连基座高 5.5 米的《大卫》一经面世，便引发欧州艺术界的轰动，好评如潮，盛赞塑造出来的不仅仅是一尊雕像，而是思想解放运动在艺术上得到表达的象征。16 世纪画家及艺术史家乔吉奥·瓦萨里说:“这座雕像的优雅气度和从容姿态达到了后无来者的高度……可以肯定,一旦看过了米开朗琪罗的《大卫》,你就不再需要去看其他任何雕塑家——不管是在世的还是已故的——任何作品。”它是文艺复兴艺术的一个分水岭,

我终于等到开放的时间进入了美术馆。面对雕塑史上最杰出的作品——大卫,只有站在雕像下方往上看,才会发现那不合比例的头部和手部,因透视的原理,显得格外完美。大卫是圣经故事中的经典人物,从小容貌俊美,机智勇敢,当非列士部族侵犯他的家乡,以色列城池受到严重威胁时,牧童出身的大卫挺身而出,用放牧时打死过狮子和熊的投石机把非列士的头领歌利亚杀死。大卫以他的赫赫战功,受到人民的拥戴,成了以色列最年轻的军事统帅。过去的艺术家们在塑造大卫时,常采用他取胜时的情景,多半表现大卫割下敌人的巨头……米开朗琪罗却另辟蹊径,塑造了一个:左手上举,握住搭在肩上的“甩石带”,右手下垂,似将握拳;头部微俯,怒目裂眦地直视前方,处于迎接战斗的状态。从艺术效果来看,这种矛盾高潮到来之前的状态更富有吸引力。从思想效果上说,雕像充分体现了一种顽强、坚定和正义的精神气质。

一块弃石,因独具匠心的妙手回春,成了有生命的艺术珍品!一把刻刀,因融入深邃思想的精雕细刻,才使有了灵魂的大卫充满了艺术魅力!米开朗琪罗以自己的生存和追求的痕迹,不仅复活和丰富了冷若冰霜的石块,还通过“美男子”的人物造型,构成一个超越时空的高渺而永恒的境界。由此在而立之年就确立了当代最伟大雕塑家的地位。大卫则成为后世艺术家学习雕塑的楷模。

莱辛巴赫瀑布

从铁力士雪峰下山，夜宿因特拉肯。翌日偶闻莱辛巴赫瀑布近在咫尺，便驱车沿着布里恩茨湖不消片刻来到迈林根。这儿原是是阿尔卑斯山伯尔尼峡谷中的一个小山村，海拔600米。周围被一个又一个的牧场和无数的葡萄种植园环绕着。

大片柔嫩匍匐的芳草、爬满紫藤与粉色蔷薇的院墙、散发着浓郁欧洲风情的窄街，把迈林根点缀得生动迷人。然而，不论你走到任何一个街角，一家商店，到处都蔓延着一种特有的气质，所出售的画像，大号放大镜、烟斗、圆顶礼帽等纪念品，以及店员穿戴着那似曾相识的服装到动作神态……都会唤起对一个人的回忆：口叼烟斗，身披斗篷，戴着一顶猎鹿帽的神探……各个餐馆、酒店也都弥散着追怀这位神探的浓厚气息，像福尔摩斯冰淇淋、华生色拉之类的食品随处可见。每一家店主都可以有声有色地讲述福尔摩斯探案中的故事，每一个小孩都喜把自己打扮得酷似福尔摩斯。镇上的福尔摩斯酒店，每间客房都是以福尔摩斯探案集故事中的人物命名，墙上还贴着福尔摩斯和华生等人的肖像。有的客房，经过精心的布置，会让人意外感受到福尔摩斯探案故事中的诡异气氛……

镇上还有一个以"柯南道尔"命名的广场，广场中央屹立着一尊福尔摩斯全身铜像。建置的时间并不久远——1999年。看来，福尔摩斯依然活在瑞士人的心中。

紧挨着柯南道尔广场的贝克尔街221号，是福尔摩斯博物馆，住宅的结构与小说中完全相同，书房中的书桌桌面凌乱，上面堆着银烟盒、烟斗、书籍、钢笔，全部仿制福尔摩斯长期使用过的物件。

身着维多利亚时代仆人服装的女工作人员非常热情地讲解，福尔摩斯给小镇带来的荣耀溢于言表：柯南道尔爵士生前经常到这里来观光，他笔下的福尔摩斯就是从这里走向了后山。满脸的生动尽显出本地人的自豪，又引发旅人去探访莱辛巴赫瀑布的兴趣。

顺着通往瀑布的蜿蜒崎岖的山道缓缓而上，蔽日的浓荫和小径旁的羊齿草不禁使我联想起《最后一案》中所描写的相同景象，福尔摩斯与他的宿敌不就是沿着环绕瀑布辟出的一条小径上山的！按小说所提供的线索寻踪觅迹，虽不见崖顶有彩虹与飞瀑交相辉映，却仿佛看到福尔摩斯背靠山石，双手抱臂，俯瞰着飞泻的水流。置身于文学色彩浓烈的场景之中，虚实交融，真是一种梦幻般奇妙的感觉。

来到刚才显现幻象的高处，竖立着一块由伦敦福尔摩斯协会捐献的铜匾，告知这儿就是福尔摩斯和他的老对手莫里亚蒂教授狭路相逢之处。崖顶之下，就是莱辛巴赫瀑布。此瀑布是阿尔卑斯山中最大的瀑布之一。定睛凝望，“瀑布的激流，倾泻进万丈深渊，水花高溅，宛如房屋失火时冒出的浓烟。河流注入的谷口本身就有一个巨大的裂罅，两岸矗立着黑煤一般的山岩，往下裂罅变窄了，乳白色的、沸腾般的水流泻入无底深壑，涌溢迸溅出一股激流从豁口处流下，连绵不断的绿波发出雷鸣般巨声倾泻而下，浓密而晃动的水帘经久不息地发出响声，水花向上飞溅，湍流与喧嚣声使人头晕目眩。拍击着黑岩的浪花，发出宛如怒吼的隆隆响声。”

曾经安放过福尔摩斯登山杖的岩石旁，一边是徒壁、一边是深涧，地势之险峻引发我想像着那生死搏斗：一个从容不迫，一个气急败坏；瀑布阵阵的轰鸣声和两人厮打的叫喊声不绝于耳，最终两人在缠斗中坠下悬崖。我久久沉浸在对神探的追怀之中。歇洛克·福尔摩斯曾不止一次地对华生说：“如果能为社会除掉莫里亚蒂这个祸害，那么，我情愿结束我的侦探生涯，并可以自豪地说，我完全没有虚度此生，如果我的生命旅程到今天为止，我也可以问心无愧地视死如归了，没有比这样的结局更令我心满意足的了。”

从山谷吹来的山风把我从追怀中唤醒，听着风声，看着湍急的飞瀑，俯瞰飞瀑下的迈林根小镇的全景。我从山瀑联想到小说，而小说成了景色的最妙的注脚。这里，因与人物命运和故事情节有了关联，则草木增色，山水生辉，更加引人入胜。我想，当年的柯南道尔一定为无法选择在何时何地结束福尔摩斯的生命而苦恼。也许伦敦的迷雾和咆哮的大西洋没有激发他的创作灵感，当他横渡英吉利海峡，由法国进入瑞士，畅游云开日现的阿尔卑斯山，这位渴求温暖阳光的伦敦人才开始慢慢地找到一些感觉，最终决定把福尔摩斯最辉煌的一生结束在莱辛巴赫瀑布的谷底。

岂料，神探之死牵动着读者的心！1893 年 12 月，圣诞节来临前夕的一天，伦敦郊区诺伍德镇的一所维多利亚式房子外面聚集了一大群人，他们愤怒地向房子的窗户扔着石块儿，控诉柯南道尔谋杀了他们心目中的大英雄。与此同时，在伦敦市中心报社云集的舰队街，人们举行了一次示威游行。而伦敦的《绳链》杂志编辑部则收到雪片般的来信，抗议这场令人发指的谋杀，并纷纷要求退刊。就连维多利亚女王也坐不住了，公开表示：我很失望！

毋庸置疑，在现实生活中，很多人已将福尔摩斯当成了聪明人的代名词。后来，在全世界的福尔摩斯迷和广大读者的抗议和呼吁之下，作家又妙笔生花，让神探奇迹般地复活……

福尔摩斯是柯尔道南虚拟的人物，而且成了一种象征智慧的符号。迈林根授予他为荣誉市民的称号，雄辩地证明，其久经不衰的艺术魅力足以超越时代、国度、民族的界限。莱辛巴赫瀑布则成了凝聚英雄的灵魂和精神，让人们永远纪念和景仰的胜地。

颅骨之谜

由弦乐缓缓奏出如泣如诉的哀怜的乐音；女高音缓慢、沉重地唱出“耶稣，慈悲的主啊，赐他们安息”，哀惋动人的旋律，委婉涕泣，催人泪下。我不是在萨尔茨堡的音乐大厅里欣赏《安魂曲》，也不是在聆听莫扎特曾使用过的那架古琴奏出的乐章……

从莫扎特的故居出来，沿着粮食大街，我仿佛踏着音乐的旋律走向下一个景点。这条街很窄，其实旧城的每条石砖铺成的街道，都是丈把宽的小路，让人自然地联想起童年的莫扎特在石砖上奔来跑去的足迹。在莫扎特广场，瞻仰了威风凛凛、居高临下的莫扎特铜像后，便走向沿街遮阳棚下的咖啡桌，刚落座，就被按抚亡灵的《安魂曲》深深吸引。这是莫扎特生命里的最后一部作品。是莫扎特的挽歌。

我一边倾听，一边品啜，还不时观望街景。当广场一侧的萨尔茨堡大教堂进入视线，便想起了莫扎特与它的恩恩怨怨。他是被大主教克罗莱多辞退后才去了维也纳。决心与故乡一刀两断的他，“一脚就踢开维也纳古典音乐大门”，并把他辉煌的十年献给了维也纳。他的音乐，孩童听到的是他流水般的叮咚；老人听到的是他净化了的灵魂。有人问科学家爱因斯坦，临死时会有什么想法，他别的什么也不说，只说了一句，“人死时最大的遗憾，就是再也听不到莫扎特的音乐了。”这是对莫扎特至高无上的评价。他的故乡因他成了音乐之城！

就如我国的曲阜，一切景致似乎都和曾经居住在这里的名人有关。尽管莫扎特在书信中，不时流露出对萨尔茨堡的仇恨，音乐却像血液一样融入古城的每一个角落，城中的桥、广场、音乐周、故居，哪怕旅游纪念品，都要冠上莫扎特的名号。即便不举办音乐节，这里仍然是音乐的世界。萨尔茨堡就是莫扎特，莫扎特就意味着萨尔茨堡。

奥地利萨尔茨堡莫扎特广场

一记悠长变奏的和声，恰似轻轻的一声叹息，在我听来却沉重得让我无法喘息，只因一眼瞥见邻座游客手中甜酒的商标是莫扎特的头像。以莫扎特头像为商标的朱古力、糕点、冷饮琳琅满目，我却顿生一种沉重感，由此想到了莫扎特的颅骨。头像产生了巨额的商业价值，给萨尔茨堡带来了无限商机！而人们却遗忘了莫扎特对萨尔茨堡的怨恨；遗忘了莫扎特颅骨真伪未定的悬疑。

当初莫扎特给了维也纳那么多荣耀，他使人们认识到不带任何功利性的纯静的音乐美，也让人们认识到他那与生俱来的品质，始终激励着人们从幻想走向现实。而维也纳只给了他三尺之地，一抔黄土，还有一场大雪。因穷困和欠债，入殓时坟墓上只用简单的木牌作了标记。

令人不胜痛惜的是，百年之后，莫扎特的墓地已无从查找。这使维也纳陷入了愧对历史无所交待的尴尬之中，萨尔茨堡的莫扎特基金会于一九零一年收到了令人狂喜的礼物——莫扎特颅骨！在莫扎特去世十年后，掘墓人趁圣·马克斯公墓重组之机，收藏了莫扎特的颅骨。经过几度易手，百年流浪，最终颅相学家鸠瑟夫的妻子把颅骨献给了萨尔茨堡。

我被由高音木管乐器，沉重的弦乐伴奏和单簧管由慢到快的变奏所形成的强音从沉思中惊醒。那一个个神秘凝重的音符，增添了无数的悲凉和凝重。莫扎特的颅骨浮现在我的心中。

围绕着这块遗骸的真假人们提出了许多疑问和看法，唇枪舌剑，莫衷一是，谁也无法作出定论。因斯布鲁克大学的相关研究人员对这一颅骨及其祖母及侄女的骨骼，进行了 DNA 检验，结果令人失望，这三人无家属关系。美国陆军中央实验室也进行复验，证实因斯布鲁克医学中心的结论正确无误。

这下子，有人失望，有人怀疑，有人偃旗息鼓，还有人要追根溯源……继续在颅骨的真假上大做文章的人，说穿了，是一种虚荣与好奇。我想，莫扎特的伟大丝毫不会因颅骨的难以鉴定而黯然失色。

《安魂曲》还在继续播放，我从音节由急骤转为舒缓，感悟到莫扎特从死亡升华到了一个比生存的地位更高的境界。我依然沉浸在人类永恒的一首史诗——《安魂曲》中，在心中称颂道：莫扎特，他就是音乐；音乐，使他永放光芒！

梦想在唯美世界飘飞

德奥边境的巴伐利亚，有一条著名的“浪漫之路”，北起美茵河畔的维尔茨堡，南至阿尔卑斯山下的菲森。沿途布满了中世纪的小村小镇和古堡，形成了静美的田园风光和古色古香的景观。在菲苏城外群山的环抱之中，一座城堡雄峙于重峦翠嶂的高山之巅。

我们坐着马车上山。林间啼莺舞燕，溪流叮咚与哒哒马蹄和铃铛之声相间，谱出一首轻快的奏鸣曲。马车拐弯缓缓驶上对峙着的崖顶上的铁桥。桥的后侧，飞落千丈山崖的瀑布，发出雷鸣般的轰响。桥的两头，许多游客正在凭栏仰望，顺着他们的视线高眺，白墙

德国巴伐利亚新天鹅城堡

蓝顶、错落高耸的几座塔楼破天而立，其中的一个锋利的塔尖突出于众塔之上。那种灵秀俊拔与直刺苍穹的气势，使我感受到哥特式建筑以动取胜的奔放。云彩忽聚忽散，城堡时隐时现，如梦似幻，仿佛童话里才会出现的人间仙景。

为何这一城堡那么眼熟，似曾相识？听完讲解方始明白，美国迪斯尼乐园内的白雪公主城堡，就是仿效它而建。

进入古堡，就像漫步于艺术殿堂。经精雕细镂的厅堂、廊柱、门窗富丽堂皇；以中世纪传说中的人物和天鹅为题材的雕塑、壁画、家俱、彩色玻璃所形成的灿烂辉煌；那些人工钟乳石洞窟、瀑布、喷水池和梦幻式的照明所赋予城堡的古典风韵和神秘气氛，无不显示出新洛可可的浪漫和奢华。城堡二楼的回廊铺着红色的地毯，在回廊与楼梯的交汇处矗立着巴伐利亚国王路德维希二世的雕像，国王生前在城堡中不放置任何自己的肖像，直到1988年，慕尼黑的路德维希二世俱乐部铸造了一座他的塑像，放置在此，让每一个游客能在参观前先瞻仰一下这位城堡建造者。四楼是国王的起居室。那宽大的卧床是木制的，上面有哥德式的精致雕刻，包括顶棚、壁板的雕刻工程，共花费14个雕刻家4年的时间完工。窗户、床罩、椅背都使用深蓝色布料及金色刺绣，全都是路德维希二世所喜爱的颜色，也是巴伐利亚王族的代表颜色。五楼的歌剧大厅是城堡的中心，墙上装饰着一百面镶金边的大镜子，加上城堡每夜四千支点燃的烛光，由此形成了晶莹璀璨，虚无缥缈的幻境。站在大厅外视野开阔的国王宝座阳台放眼四顾，城堡的前方和两侧有群山环抱；后面是美丽迷人的巴伐利亚乡间景色，左方有清澈的阿尔卑斯湖，右方是一较小的天鹅湖。国王的寝室里装设了多座模拟月光的华美灯盏，把书桌上一只体态优雅的水晶天鹅映照得熠熠生辉。这座城堡的主人是巴伐利亚国王路德维希二世。他钟情于瓦格纳歌剧里的神话意境，并依凭这种幻想把美梦变成真实，盖了建筑与艺术完美结晶的童话城堡。他是茜茜公主的表弟，一直暗恋已经远嫁奥地利，当上皇后的高雅漂亮的表姐。当他入住了尚未完工的新的城堡后，茜茜公主赠送了施华洛世奇制作的水晶天鹅。他觉得这只让他情牵魂绕的天鹅，就是表姐美丽、纯真与善良的化身。他经常忘情地凝视着“天鹅”，为了寄托深埋心底的一片痴情，便把城堡命名为“新天鹅堡”。

路德维希二世18岁登基，他不满于徒有名衔的身份，却把精力倾注于艺术，并沉溺在梦和美学的虚幻世界中。他执政22年，先在偏静的格拉斯旺河谷大兴土木落成了“林德宫”，继而在距慕尼黑88公里的青溪湖湖心小岛上建造了“青溪湖城堡”。他迷恋音乐、诗歌、绘画、戏剧，赢得了“皇家雪莱”的美誉。

在王公大臣的眼里，国王“不爱江山爱建筑”的行为举止，荒诞乖张，充满了奇谲幻化又不能自拔。由此遭到举国上下的反对，讥讽他为“疯狂的皇帝”、“幻梦之君”。路德维希二世对忠言谏劝置若罔闻，我行我素。他下榻“新天鹅城堡”不过十天，天天沉浸在专属他的美的世界又浮想联翩。上山之前，他意欲把新的梦幻变成现实——在“浪漫之路”选址，仿效圆明园建一座纯中国式的宫殿。当他看完专家的设计蓝图，便命令在浪漫之路选址，还指令，待宫殿落成，达官显贵务必要着中国式的朝服参加大典。可叹的是，仅仅过了几天，他在返回朝廷的途中，在慕尼黑附近的史旦柏湖溺水而亡。

路德维希二世不惜手中的君主权力，潜心于对艺术的追求，做了一个又一个在唯美世界飘飞的梦……无独有偶，南唐国君李煜和北宋末代皇帝宋徽宗赵佶，也是因酷爱艺术而倦于政事，被贬为昏君。然而，在政治上失败的李后主，却在词坛上留下不朽的篇章，被称为“千古词帝”。赵佶轻佻治国，但艺术智商极高，是个多才多艺的儒雅皇帝。他的草书手卷《临唐怀素圣母帖》，在香港拍出了1.28亿的天价，创下了中国书画作品在全球拍卖市场上最高成交价！路德维希二世，作为一个君王，可以说毫无建树，但他建造的宫殿和城堡，成了德意志的艺术瑰宝和象征。

形似凯旋门的花环

重访法国，第一行程是要实现未了的夙愿。

前年游览巴黎的最后景点是先贤祠。先贤祠位于塞纳河左岸的拉丁区，于1917年建成，1885年，当法国人民喜爱的维克多·雨果的灵柩移入此地之后，这儿就改为专葬对国家有杰出贡献的伟人，共有72位对法兰西作出非凡贡献的人享有这一殊荣。我怀着崇敬的心情拜谒了共处一室的3位文学巨匠的石棺：中间是大仲马，左侧为雨果，右侧是左拉。我没有想到他们的棺木和墓室会如此简朴，不过，一想到先贤祠正面门廊22根圆柱上方镌刻的“伟人们，祖国感谢你们”的铭文，我顿时产生了一种庄严肃穆的神圣感。我想，有着崇高灵魂的伟人的坟墓，确实不该有任何的矫饰。

从先贤祠出来，我不免颇感遗憾。雨果和大仲马是法国19世纪浪漫主义的两座高峰，然而，还有一座与他俩并列的欧州批判现实主义文学的高峰——巴尔札克，他葬在何处？听闻他长眠于拉兹雪神父公墓，真想前往聊表一个异国读者对他的崇敬之情。苦于旅程将止而不能成行。

这项一抵达宾馆安顿完毕，我便乘地铁前往巴黎第20区。

巴黎市的外环线以内共分二十个区。与19、11、12区相邻的20区，不仅有卑乐维乐公园和跳蚤市场，还有紧挨着住宅的拉兹雪神父公墓。

进入拉兹雪神父公墓，沿着浓荫下比小径还要宽阔，用小方石块铺成的弹格路走去，只见路边林间遍布林林总总风格各异的墓殿堂塔和墓碑雕塑，有的高大豪华，有的低矮简陋，凡是被鲜花所簇拥的墓地，无疑都是不朽的安息者。莫里哀、都德、肖邦，写《追忆似水年华》的普罗斯特……都长眠于此，每一块墓碑、每一尊雕像或墓志铭，都可诠释一个故事、一个传说、一段历史或一缕寄托……

离公墓正门不远处的路口，我惊喜地发现了被安置在高高的基石上的巴尔札克青铜胸像，他披着微鬈的长发，脸带微笑，以洞察人间一切悲喜的睿知举目凝视远方；基石下方的大理石石雕是一本厚厚打开的书，书写着法文“人间戏剧”，页面上还搁置着一枝鹅毛笔。我久久地端详着文学巨匠苍然的脸容，冷峻的目光，他无情解剖一个个冷酷、虚伪、势利的灵魂，道尽人间世态炎凉的笔触，曾经使我一次又一次掩卷深思。唉，他仅仅活了 51 岁，写了 91 部作品，雨果说，他的一生是短促的，然而也是饱满的，作品比岁月还多。这样的类比发人深省，“人间戏剧”所以会长盛不衰，其真谛就在于巴尔札克所塑造的许多丰富生动的艺术形象，已经成为世界文学史中人物的典型性格，如葛朗台的吝啬、高老头的父爱等等。

墓地十分简朴，占地极小，半围着颇具 19 世纪风格的铁栅栏。碑前放着用群花扎成的形同凯旋门的花环，缎带上写着“文学巨子的肉体消失了，而灵魂凯旋了”。当今的凭吊者以此表示对先哲的敬意和缅怀，不禁使我想起雨果在《巴尔札克之死》中的一段话：“内政部长巴罗什前来参加葬礼。在教堂里他坐在我旁边，追思台前，他不时同我交谈。他对我说：这是一个杰出的人。我对他说：这是一个天才。送葬时，我走在灵柩前头的右边，手执灵衣的一根银色流苏。大仲马在另一边。”落葬时，雨果深情地说：“今天，人民哀悼一位天才之死，国家哀悼一位天才之死……生前凡是天才的人，死后就不可能不化作灵魂……在他进入坟墓的这一天，他同时也步入了荣誉的宫

巴尔扎克墓碑

殿。”这一激情充溢的演说，穿越百年时空，如空谷足音，令我感触良深，巴尔扎克虽然没有移灵先贤祠备极哀荣，但他的坟墓则成了精神圣地。

寻找“文学咖啡馆”

笔直、宽阔的涅瓦大街，比香榭丽舍大道还要早几十年。在这儿可自由活动一个半小时。路上商家林立，我无意去游览 18 世纪式的大型购物市场和一座 19 世纪式的百货大楼，令我向往的是普希金铜像和纪念普希金的“文学咖啡馆”。在学生时代，普希金、果戈里、陀斯妥耶夫斯基在涅瓦大街上所留下的足迹，一次次激起我想去圣彼德堡寻踪参访的文学冲动。

俄罗斯圣彼德堡皇村普希金铜像

不一会，在喀山大教堂对面横街的路口，发现了高 3 米的普希金铜像。普希金被誉为“俄罗斯文学的太阳”，其文学作品深受世界各地读者的喜爱。我怀着既兴奋又景仰的心情前往拜谒。这儿离涅瓦大街不过百步之遥，却形成了强烈的反差，一边车水马龙，一边冷冷清清，除了我在拍照，居然不见一个人影。我虽有这一瞬间冷寂的感觉，却并不在意。接下来，我便寻找至今仍然散发着那股不可抵挡的魅力的“文学咖啡馆”。不会俄语，既看不懂店招也无法询问。在我的想象中，这家百年老店一定会有与众不同的标识。我沿街挨门逐户地观察，却未能如愿以偿。我在这段不足千米的路上来回寻觅了 2 次，却无功而返。

上午的时候，我们曾游览了皇村。普希金曾在这儿的贵族中学读过书。因此，在这座校舍的花园里屹立着一尊普希金纪念碑。当施祥给我拍完照，便情不自禁地低吟：“这儿埋葬着普希金，他和年轻的缪斯，和爱神作伴，慵懒地度过欢快的一生，他没做过什么善事，然而凭良心起誓，谢天谢地，他却是一个好人。”我十分惊讶，在旅途上结识的这位年近五十的朋友，居然能把《我的墓志铭》这样优美的诗句一字不差地背诵。中学时同学们都背颂过，我也不知道听过了多少回，而在诗人的故乡能聆听到发自内心的情感喷发，使我深深地感悟到：普希金活着，因为他的诗歌；他的诗歌，因为他而活着。文学是没有国界的。

我和施祥有了共同的语言。

从皇村回圣彼德堡的路上，76 岁的赵老师在导游塔尼亚讲解完以后，接过话筒激动地说，在我念高中时，普希金就是我心中的偶像。他是皇村的神童，后来成了俄罗斯的文学巨匠，我借此机会来朗诵《皇村的回忆》：

“沉郁的夜的帷幕，悬挂在轻睡的天穹；山谷和丛林安息在无言的静穆里，远远的树丛堕入雾中。隐隐听到溪水，潺潺地流进了林荫；轻轻呼吸的，是叶子上沉睡的微风；而幽寂的月亮，像是庄严的天鹅，在银白的云朵间游泳……”

他的声音略显嘶哑，但他热烈的情绪感染了我们。我前座的陶教授夫妇转过身，绘声绘色地描述了参观普希金博物馆的详情，当谈到能一睹普希金的大量手稿，他俩的脸上充满着欣喜。我不但听得入神，心中还懊悔不迭，昨天下午的自由活动，我是乘游船顺着涅瓦河去了芬兰湾，若早知有这一游览胜地，岂会酿成遗珠之憾。

旅伴们的情怀和陶教授的独辟蹊径，成了推动我一定要寻根溯源的动力。时间在一分一秒地流逝，我循香追溯，一看到咖啡馆就登堂入室。只见室内室外的座椅和圆桌、长桌，已坐着满满当当的客人，而且大多是年轻人，有的谈笑风生，有的边喝边聊……我又闯入了第二家，虽顾客盈门，来客仍然络绎不绝。可是，店堂内没有任何与普希金有关的醒目标记。又扑空了，难道就此错失良机。我急中生智，打开照相机，连着问了 2 位摊主：用手指指荧屏中的普希金铜像，又指向咖啡馆，再做出喝咖啡的样子，得到的回答都是耸肩、摇头。我无助地在人流中东张西望。当第三次来到大街与莫以卡河交界的著名的绿桥的桥头边。正在茫然和彷徨之中，突然产生了一个念头，何不到河对岸再朝前去探寻探寻呢。过了小桥没走几步，在几根廊柱之间的后面，蓦然出现了普希金的画像，而下边是赫然醒目的“1816”。我大喜过望，尽管呈现在我眼前的是一间普普通通的门面，但可以断定，在这里可放下身心来感悟普希金，与他作更深入的而非远隔时空的形神沟通。

我兴奋地进入了“文学咖啡店”，没想到店堂内空空如也。再朝里间探望，还是廖无人影。这番冷寂真是始料未及，大出意外。我在疑惑中又朝前走了几步，猛然看到了正在喝着啤酒的施祥和陶教授夫妇。他乡遇故知，我喜出望外，他们也惊喜异常。原来，施祥捷足先登，陶教授夫妇接踵而至。陶教授帮我要了一杯咖啡。我平时没有喝咖啡的嗜好，所以要品尝，无非借此感受一下曾经有过的人文气质的氛围。我们都有同感，到这样一家有特殊纪念意义的百年老店喝上一杯，对我们这些飞越西伯利亚，怀着崇敬普希金意愿的中国文学爱好者来说，岂不是一件难得沉醉于咖啡与文学意境的乐事。

这家咖啡店原名“伍尔夫甜食店”。其陈设、楼梯、地板、沿街的百叶窗，至今仍保留着上世纪 30 年代原貌，在厅堂的另一头，塑有一尊真人般大小的普希金坐姿蜡像。诗人身穿漂亮的燕尾服，双手屈肘靠在单人小桌上，右手握一支鹅毛笔，神态平静，斜视窗外，小桌上燃着一支蜡烛，放着一顶黑色大礼帽。触景生情，我想起了那段历史：1837 年 1 月 27 日下午 4 时，普希金在这家甜食店里喝完了他一生中最后一杯咖啡，然后在朋友的陪同下，走出店门，乘上雪橇，直驰要塞司令别墅旁的一块林间空地，与花花公子丹特士决斗。结果普希金腹部中弹，两天后，诗坛巨星陨落，年仅 38 岁。当时报载：“全体俄罗斯人都明白这一损失难以弥补，所有俄罗斯人的心都已被撕碎。”

后来，深受普希金影响的果戈理、陀斯妥耶夫斯基、莱蒙托夫等作家，经常来到这家甜食店，谈诗论文，针砭时政，店铺的名气愈来愈响。现在，百年沧桑，店铺依旧，但店名已改为圣彼得堡文学俱乐部的“文学咖啡馆”。

陶教授夫妇在我来到之前已参观过 2 楼。陶夫人说，楼上的楼面不算很大，但布置雅洁悦目。靠里有一架黑色钢琴，墙上的挂画都与普希金有关，例如布留洛夫著名的“普希金夫人的肖像”，真是美艳骄人，普希金就是为她而死的。

经这么一介绍，难以抗拒地勾起了我和施祥上楼参访的欲望。如果可以从楼上的各种细节中丈量历史的痕迹，岂不美哉！在楼梯口，我和施祥被上了年纪的侍者拒之门外。为什么会吃闭门羹？我们百思不得其解。我忽然想起国外盛行付小费的习俗。于是在再次闯关被阻后，施祥拿出一百卢布，岂料，还是铁将军把门。我双手抱拳对着蜡像虔诚作揖，以此表示对普希金的崇拜，很遗憾，对方竟然无动于衷。施祥便用英语表明了恳切之情，我们远道而来，上楼看一看，就是为了普希金。对方立即用英语回答：现在已是用餐时间，吃饭可以上楼。若要参观，明天开饭前可以。

侍者不肯网开一面，我无奈地看了看那尊蜡像，普希金会作何感想？我们 4 人对此并没有作过多的议论，能不能上楼其实并不重要，重要的是，我们已经置身于因众多伟大文豪在此活动所形成的艺术氛围中，并揣想着曾经发生过的场景：

普希金又坐在他长年坐惯的座椅，桌上放着一杯袅袅的咖啡，他喝的是什么咖啡？他又摇动了鹅毛笔，他在写什么？是不是在写“我不会完全死亡——我的灵魂在圣洁的诗歌中，将比我的灰烬活得更久长……”

正在喝着咖啡凝神思索的是谁？果戈理！也许他正在构思短篇小说《涅瓦大街》：“最好的地方莫过于涅瓦大街了，对于圣彼得堡来说，涅瓦大街就代表了一切。”

临窗而坐的不就是陀斯妥耶夫斯基吗！他已经喝了 3 杯咖啡，是不是写作写得累了，《白痴》里的梅斯金公爵的人物形象，一定让他绞尽脑汁……

我们寻觅伟人的足迹，并非为了考证，只是为了寄托，为了怀念。在这里喝上一杯咖啡，自然有挥之不去的怀旧感，不仅可以和当年的普希金、果戈理、陀斯妥耶夫斯基一干文人的故事相遇，而且还可以在思潮交错的时空里，感受到圣彼堡最真切的景致。

走出店门，我们立即溶入了这个城市当今的时尚潮流之中！回头凝望“文学咖啡馆”，不禁感慨系之：这家老店已超越了建筑本身，将与普希金永存，而人民，怎么会忘记自己的诗人呢！

美丽的塔妮娅

我们从莫斯科乘火车去圣彼德堡。刚出站台，一位金发披肩的女郎迎向前来。翠绿色的有棱有角的方形太阳眼镜，勾勒出她脸形立体感的美，无袖低胸的紧身背心露出白皙的手臂，及膝的短裙露出修长性感的大腿。大家不约而同地发出惊呼，“真漂亮!”她的一番自我介绍，又引发大家一阵惊喜:“我叫塔妮娅，毕业于莫斯科大学，曾经到上海外国语大学攻读汉语……‘有朋自远方来，不亦乐乎’，今后

圣彼德堡夏宫

的3天希望与大家能成为好朋友。”她居然用流畅的普通话作了开场白，又运用了孔子的至理名言，一下子就拉近了彼此之间的距离。

塔妮娅带领我们来到了芬兰湾的南岸。夏宫是彼得大帝的避暑行宫。宫殿下方，两座梯形瀑布层层叠叠顺阶而下，倾落在喷泉群的水池之中。水池周围，泉水从无数的小动物或器具的造型中尽情喷涌：有的从鱼嘴里喷射而出如玉带飘逸、有的从军号里喷洒低空如飞霜溅雪；射向高空的水注高底错落，绽放万朵银花晶莹剔透、纷纷下落的水珠交织纵横，像颗颗钻石闪闪发光；飞珠崩玉的水帘、时缓时急的水幕、轻纱缥缈的水雾，倾盆而泻的水瀑，使得朦朦胧胧的景区有一种神话幻境般的感觉。

我们跟着塔妮娅水里进水里出。她指着喷泉群中央讲解道：那是大力士参孙和狮子搏斗的塑像，就是著名的萨姆松喷泉。塑像高3米，重5吨。参孙双手把狮子的上下颚掰开，泉水从狮子口中冲天而出，水柱高达22米，是全宫最大的喷柱。在它的周围，有150个喷泉喷出2 000多个喷柱，不停地向蓝天喷放出水柱，形成水的灵动和千姿百态的造型。讲到这里，她像朗诵似地说：眼前的景象就如唐诗所描述的“万点飞泉下白云”、“大珠小珠落玉盘”、“飞流直下三千尺”。

大家又惊又喜。一位俄罗斯的美女，竟然运用中国的诗句来点评令人倾倒的如斯美景。大家随着她优雅的动作再次环视喷泉群，也许是那几句诗所起到的画龙点睛的作用，顿觉，灵动如仙，引人遐想。

喷泉群周围有着造型各异的镀金雕塑。在细细的雨丝中，每一尊雕像分外显得熠熠生辉。

在一尊犹如大力士的美男子的雕像前，塔妮娅把一段轶闻趣事，穿插在讲解之中：

叶卡捷琳娜二世，在俄罗斯历史上仅次于彼得大帝，是她把彼得大帝的思想、业绩发扬光大。不过，她也是一位风流女皇。从喷泉群一直延伸到海边有一条河。据说，当时海军学院每年都要在此举行一次比赛，凡是能从海边逆水游向夏宫，获得第一名者同时也获得与女皇风流一夜的权利。时至今日，你们看喷泉群周围一个个健硕的美男子的雕塑，都是叶卡捷琳娜二世的的情人们。他们英俊雄壮，既衬托出叶卡捷琳娜的美丽、高贵，同时也刻画出她的风流……

她讲得生动风趣。显然，她对景区的历史和野史都了然于胸，随手拈来，出口成章，充满着吸引力和感染力。

我问她，"你经常来这儿，面对这些雕塑有何感想？"

她嫣然一笑，"我非常佩服这些雕塑家的情趣和勇气，在塑造伟人的同时，并不忌讳将其特殊嗜好一并雕塑出来，况且是那么多的情人。"最后一句讲得很幽默，大家开怀大笑。

前几天，游走在莫斯科的大街小巷，或是桥畔广场，一定会饱览一道亮眼的风景线——美女如云！她们修长、性感的身材总是展示着美轮美奂的高雅姿态，令人赏心悦目。美国有一句俗语："天堂：美国的工资、俄罗斯的妻子、英国的房子、中国的饮食。"俄罗斯人戏言，美女是本国特产。

读中学的时候就感受过俄罗斯美女的迷人魅力。两百年来的俄罗斯文学，何尝不是女人的画卷：安娜卡列尼娜惊人的高贵的美（《安娜卡列尼娜》）、娜斯泰谢绝世的美貌（《白痴》）、如五月之夜般迷人的娜塔莎（《战争与和平》）……在我的幼小心灵中留下了别人无法替代的不可磨灭的印象。这次来到俄罗斯，同团的旅伴都因不断有美女的惊鸿一现而不时惊鸿一瞥。颇感遗憾的是，虽可一睹芳容，却无法进行交流。唯有进行攀谈，方可从对方的片言只语探知她的深浅，是满腹经纶，还是绣花枕头？

与塔妮娅短短一天的接触，大家已对她倾慕不已。

冬宫是俄罗斯最耀眼的明珠，也是世界上有名的艺术宝库。宫内朝任何一条长廊或展厅信步走去，到处都有值得一看的艺术奇葩，让人凝神屏息，流连忘返。塔妮娅说，"冬宫的珍藏十分浩瀚，有从古

冬宫

到今的270万件各式各样的旷世奇珍。如果对每件藏品都看上一分钟，要用8年时间！”我们行程仓促，她有选择地带着我们走马观花。当来到了冬宫的心脏地带——大金銮殿。她声情并茂地说，“这里也叫圣乔治厅，还叫玉座厅。整个大厅是用意大利的卡拉拉白色大理石装饰。这种天然石材的豪华程度，非人造大理石所能比拟。由于石材是天然生成，有着天然的纹理，也就成了文艺复兴时期雕塑家取之不尽的石材。米开朗基罗的“大卫”，也是采用了卡拉拉大理石……”她讲得娓娓动听，不仅有益于我们增加了知识，还引发了我的联想。我去过佛伦罗萨，知道阿尔卑斯山切尔瓦约莱矿山是卡拉拉白大理石的产地之一……

我们穿越了不少的回廊和台阶，在她的一边讲解下一边欣赏拉斐尔敞廊，原来，这是梵蒂冈罗马教堂的复制品，是以独特的画廊形式铺陈了宗教历史的艺术长卷，从头至尾营造出一种诗意流淌的美……她顺道循序进入了克雷瓦高脚盘厅。呈现在眼前的是一个巨大的高脚盘。塔妮娅介绍道，整个雕塑由四块大理石组合成型，最上端的盘面，由一整块的大理石雕成，重达 18 吨。其制造工程庞大，由西伯利亚石雕匠历经 14 年之久才雕刻成形。由 160 匹马组成的托运车运送到彼得堡。待固定以后，再盖展馆。

雕塑厅里，林林总总的雕像争奇斗艳。我们无暇细品，只是跟着塔妮娅左转右弯，然后立定在一尊“卷缩身体的男孩”的雕像前，在她的提示下，我们仔细观赏：身体卷缩成团，低垂的头使脸面埋进了前胸和紧抱的双臂之中，塔妮娅沉思着说，“谁也看不清他的面部表情。唯能清晰展现的是男孩弯曲的背部，暴突而又强健的肌肉，看得出男孩的内心纠结着一时难解的矛盾，他极度悲观，已经不想正眼来看他所厌恶的世界……这一镇馆之宝出自米开朗琪罗之手，构思奇特而新颖，沉静地创造了艺术的经典美感，给人们以强烈的视觉冲击和情绪上的震撼。”她话锋一转，加重了语气，“雕塑所用的石材，也是卡拉拉大理石。”几次反复提及这一石材，人们自然会加深印象。

当她宣布可以有一个小时的自由活动后，我走过了赏心悦目的东方艺术馆，又舍弃了玲珑剔透的古希腊古罗马展馆，一路虽浮光掠影，蜻蜓点水，却不觉对艺术接近了许多。进入了西欧艺术馆，形形色色的画作使我没了方向。来前我做过功课，知道冬宫收藏着达芬奇的名画：《哺乳圣母》。说实话，厅内虽然有指路标识，我却目不识丁。要想对号入座，无异于大海捞针。正当不知所措，恰好与塔妮娅不期而遇。我便指着面前的一幅油画随口问她，“这是谁的画?”她不假思索地回答，“莫奈，画名叫《花园里的贵妇》。”我知道莫奈是法国最重要的画家之一，但仅仅知其名而不知其画。我若有所思地说，“这幅画和《卷缩身体的男孩》一样，脸都看不清!”塔尼娅看出了我的疑虑，莞尔一笑，“莫奈的这幅画，并不介意要把贵妇描摹成一个美女。使他感兴趣的仅仅是平面和色彩对比而已。正因为这幅画的人物没有立体感和起伏，色彩才能在这里大放其光彩和充分显示其多样性。妇女衣裙上的花饰，草坪上的鲜花，突出在大片浓绿之中的叶子，从树叶的空隙之间透露出来的天空，穿透阴影的光线，这一切造成了一幅色彩妍丽的镶嵌画的效果。这就是印象派绘画创作的宗旨。”我频频点头，还对此画粗略的看上两眼，但还是不甚了了。她见我没答腔，提出了一个意想不到的问题，“1840 年 2 月 14 日，莫奈生于法国巴黎。也就在这一天，诞生了另一位著名的雕塑艺术大师。”没等我问，她异常清晰地说出两个字：“罗丹”。我在巴黎曾经参观过罗丹的故居。还写过一篇《浪漫之都的吻》的游记。谁能想到这位年轻貌美的俄罗斯姑娘涉及的知识面会如此之广。况且，我发觉她对每一件艺术品无不流露出崇敬膜拜的神情。

我提到了达芬奇的画，她步履轻盈地把我带到了《哺乳圣母》前。这儿有两幅画名相同内容相同的画，但表现手法迥然有异。我并不懂绘画，慕名而来。塔妮娅说，“达芬奇让宗教题材充溢着浓浓的世俗人间情味。将母爱诠释得无以复加……如果没有一颗博大的关怀人类、关注现实的爱心，再伟大的天才，也不可能达到达芬奇这样的高度、深度和广度。这两幅画的艺术魅力令人惊叹。”欣幸能在她的讲解中一睹举世名画，既陶醉又开了眼界。

绘画厅里的名画巨制目不暇接。我和她边走边看陈列着的艺术品，常会有令人出其不意的感受。我不免发出感慨，“真没想到，冬宫怎么会收藏如此之多的绝世佳作。”塔妮娅不无感慨地说，“都是花大把钞票买来的。”见我洗耳恭听的样子，她接着说下去，“彼德大帝、伊利莎白女皇、叶卡捷琳娜二世，都酷爱艺术，不惜重金从欧州收购名画珍宝。所以在俄罗斯的许多博物馆，享誉世界的艺术极品比比皆是。可惜，这些艺术品仅仅被少数人享用，以至于众多‘无价之宝’只好存放在仓库中，叶卡捷琳娜二世不无悲哀地说：除了她那就是耗子来欣赏这些油画了！由于她深知俄罗斯人的爱好、癖性，为了培养她的人民去热爱艺术，她突发奇想，把所有的油画拿出来展示的同时，也拿出了‘伏特加’来免费供给游人品尝。在俄罗斯，‘伏特加’犹如中国的‘茅台’，是‘国酒’。许多嗜酒贪杯的人趋之若鹜。不过，成千上万瓶美酒陈放在展厅的出口处。要喝可以，必须边听讲解边看画展后方可如愿以偿。仅从这一点可以看出叶卡捷琳娜的高明之处，她知道她的人民缺什么、有什么特点、怎么去改造他们。可以说，她用‘纯净的烈酒’，把俄罗斯的小小老百姓与艺术紧紧地联系在一起。以至于今天的俄罗斯人，其艺术情趣像伏特加一样浓烈。”

讲得太精彩了，听她的讲解简直就是一种享受。“花大把大把的钞票”，难道这也成了俄罗斯人的口头禅？拿“茅台”与“伏特加”相比拟，并合二为一通称“国酒”，既贴切又套近乎，仿佛彼此已成了无话不谈的亲密朋友。尤其让我感动的是，她在讲述中字字句句都表明，她对自己同胞的艺术素养抱有自豪感。还有，在不知不觉中，她已然成了我心中的“学者”、“万事通”、“活字典”。

由此让我想起了另一位导游。去年到日本上了富士山，除了仰望峰顶的积雪，已别无其他景色可以观赏。我颇感失望，便探问导游，这儿除了雪峰，还有没有别的景点或者典故？导游小姐也许是个混血儿，有着火辣性感的身材，脸也长得挺美。她眨着虽漂亮却空洞的大眼睛说，“富士山的特点就是雪多。”这样的回答谁人不会说。从大阪到京都，从箱根到富士山，她的讲解都如上面讲的那句话，单调而空泛，令人大失所望。大家私下里议论，她非常漂亮，简直就是“性感炸弹”，不过是一个“没有脑子的瓷娃娃”。塔尼娅与她截然不同，脸上一直挂着丝丝笑意，表情要热烈得多，一颦一笑，所言所语，无不表现出自信和从容，让人感到她有着深厚的俄罗斯文化底蕴。

旅程结束的那天深夜12点，塔妮娅一直把我们送到了站台。她还亲自把早餐(盒饭)分送到每一个人的手中。要离别了，不论老的少的、男的女的，都对她产生了依依惜别之情。短短的3天相处，在享受了视觉的饕餮盛宴的同时，她的热情友好使我们倍感温馨。茶后饭余，都夸她见闻既博又广，那些闻所未闻的佚闻掌故，陈年旧事，信口讲来，巧言妙语，不断把众人的情绪搅得跌宕起伏，心荡神怡。

大家对她的美也赞不绝口,她讲解时动作优雅,柔美;她的语音抑扬顿挫,沁人肺腑。有人说,她整个人都透着俄罗斯式的美艳亮丽。当她语调亲近地讲完:“两山不能相逢,两人总能相逢,我们有幸这次相逢,深信将来还会有缘相逢。我盼望这一天。再见!”我被这充满感情色彩的告别的话语深深打动。当向她投去最后一瞥,顿觉她光彩照人!她为什么会令人荡气回肠?我想,她的美不是珠光宝气,也不是妩媚娇态,更不是风情万种,而是知书达理的教养,是内在的精神气质的自然流露。“腹有诗书气自华”,“美是从生命内部射出的光芒。”

情趣横生的墓园

瞻仰了列宁陵墓，下一个景点是新圣女公墓。在巴黎先贤祠的地下墓室，我怀着追怀昔日偶像的心情，拜谒了长眠于同一墓室的雨果、大仲马和左拉的灵柩；在距纽约一小时车程的芬克里夫墓园，当我走在如茵的草坪和遮天敝日的云杉和枫树的浓荫下，来到宋美龄的墓前，更想探寻的是我所未知的尘封的历史；在加拿大每次外出，不是在住宅近旁，或是闹市一隅，几乎都会与墓园擦肩而过。这些墓园压根儿没有那种萧瑟和阴森的感觉，所呈现的平静、安详和肃穆，给人带来的是心灵的宁静。

因参观过许多墓园，我就怀着一种看或不看的随意心态进入旅程按排的景点——新圣女公墓。我不以为然地左看右看，看着看着，我怦然心动，许多曾经对俄罗斯历史发展进程中起过推动作用的名人都长眠于此。每一座坟墓几乎都置放着各种造型的雕像。每一尊雕像构思精美，栩栩如生的神态，令我惊叹不已。

面部被刻成阴阳两副面孔，阳的部分是脸型凸出的雕像，阴的一面脸型凹陷，加上基座所呈现的曲线形状，特别逗引人们的好奇。这是前苏联外长葛罗米柯的雕像。他从政达半个多世纪，在斯大林、赫鲁晓夫、勃列日涅夫、安得罗波夫时期都得到重用。浮雕用强烈的对比解读了他的仕途人生——曲折的政治生涯与自相矛盾的两面人的性格特征，从而使一个政治人物的雕塑饱含着浓厚的文化韵味。

防穿甲弹设计师拉夫里洛维奇墓碑

墓园里高尚的艺术趣味无所不在。一处墓碑犹如弯曲的钢板，上方的右角是头像，中间有 3 只洞孔，洞孔周围还有裂痕。当我听完了讲述，便对这怪异的、独具匠心的艺术墓碑拍案叫好。苏联卫国战争期间，德国人大量使用自誉为“无敌铁甲战车！”长驱直入。大军压境，红军没有任何枪炮可以有效抵御，战士只得抱着炸药包与坦克同归于尽。德军耀武扬威，红军节节败退。穿甲弹设计师拉夫里洛维奇临危受命，仅用了3天时间，研制成可以打穿100厘米厚钢板的穿甲弹。穿甲弹打得德军狼狈逃窜……有着裂痕的3个弹孔的墓碑，则形象地向后人彰显拉夫里洛维奇研制的穿甲弹，威力是多么巨大！令人叹为观止。

英雄人物的雕像激发人们对英雄的尊敬。而科学家、作家、艺术家的雕像却使人浮想联翩。

伫立在奥斯特洛夫斯基的雕像前，我的耳畔震响了保尔柯察金的名言：“人最宝贵的东西是生命。生命对人来说只有一次。因此，人的一生应当这样度过：当一个人回首往事时，不因虚度年华而悔恨，也不因碌碌无为而羞愧；这样，在他临死的时候，能够说，我把整个生命和全部精力都献给了人生最宝贵的事业——为人类的解放而奋斗。”

我在墓园中流连往返，叹为观止。当我来到果戈里的墓前，并不惊讶，当然也谈不上眼睛一亮。说实话，这座墓碑和奥斯特洛夫斯基的坟墓相比，在造型、布局、构图方面，既不雄壮伟岸而有气势，或端庄肃穆而有个性，其形象刻画得也并非形神毕肖、栩栩如生。不过，有关墓中所隐藏的秘密，却使每一个瞻仰的人，兴趣大增。

据说，果戈里的遗体是后来迁葬到新圣女公墓的，迁葬时一个隐藏了多年的惊人秘密第一次被世人发现。原来，人们打开果戈里的棺材后惊讶地看到，他的头骨居然不翼而飞，究竟是什么原因使果戈里身首分离？

原来著名戏剧家巴赫鲁申对果戈里崇拜至极，在果戈里第一次下葬后不久，他买通了看守墓地的修士，将果戈里的头骨挖了出来，视为珍宝收藏在家中。当人们知道事实真相后，巴赫鲁申迫于压力，只得将头骨交了出来。但在果戈里的家人将他的头骨运往他生前最喜欢的意大利途中，头骨再次神秘失踪。如今，埋在新圣女公墓的只能是一个没有头的语言大师了。也许让果戈里稍感安慰的是，19 世纪末俄国伟大的批判现实主义作家契诃夫的坟墓与他比肩而邻。

契诃夫只比果戈里多活了一年，死于肺结核的他去世时只有 44 岁。幽默的契诃夫在生前总劝告人们要珍惜生活。他曾经说过："要是你的手指头扎了一根刺，那你应当高兴地说，挺好，多亏这根刺没扎在眼睛里。要是你挨了一顿棍子的打，那你就应该乐得蹦起来说，看我多有运气，人家总算没拿带刺的棒子打我。如果你心爱的人背叛了你，你应该感到万分庆幸，庆幸她背叛的是你，而不是你的祖国。"这位语言精炼的大师，如今就埋葬在一个小尖顶屋子石雕的下面。那么，他与果戈里日夜相处，将怎样进行对话呢？我想，契诃夫一定会风趣地说：我和果戈里都知道，心灵的相通，胜过千言万语。

墓园有将近二万个墓葬。每个墓碑都仿佛是历史的一页，每一座雕像都能铨释一个精彩的人文故事。有的雕像却让人陷入对历史的回味。

用有机玻璃罩着的头像，是用雪白的大理石雕凿而成。这是谁？美丽高贵，眉宇间带着无法言说的悲哀。头像下面是一只横斜在颈脖前的手，似男似女。这一创意隐含着什么意蕴？

墓主是斯大林的妻子娜杰日达。

娜杰日达是死在自己的卧室。那天卫兵听到枪声立即进屋，她已倒在血泊中。惊恐的斯大林则站在一旁。娜杰日达的手中握着短枪，此枪确属斯大林专用。自杀还是他杀，尽管传说纷呈，已成了历史悬案。似男似女的手的造型，显而易见是寓意一个永远的问号。

这一意味深长的雕像，不禁使我联想到陈列在冬宫的伦勃朗的一幅油画《浪子回头》。画面表现的是老人流浪他乡的小儿子，迷途知返，最终回到家中父子相遇的一刻，风烛残年的父亲，用一双手抚摸儿子：一只酷似女性的手充满了母性的慈爱，一只粗壮的男性的手倾注着深沉的父爱……此画与娜杰日达雕像的创作时间相隔 2 个半世纪。我想，也许是前人的作品潜移默化地激发了雕刻家的创作构想和表现力。雕刻家则用出色的技巧和手段，对绘画艺术遗产进行借鉴，并给自己的艺术创作开拓出自身的空间。这虽然是推测，但我深信，俄罗斯源远流长的文化艺术深受欧州文艺复兴运动的影响。冬宫和皇村陈列的上万幅名画和雕塑，都是前后3位沙皇不惜用重金所购卖。这无疑有利于俄罗斯人对欧州文化艺术的学习，借鉴和创新。

墓碑和雕刻艺术的巧妙结合，使整个墓园洋溢着隽永的诗意，形成了特有的俄罗斯墓园文化。并由此可以让人们了解俄罗斯的文化和历史，感受俄罗斯的民族性格。行将离开之时，我扪心自问，这是墓地？简直就是艺术的殿堂！我庆幸不虚此行。

俄罗斯诗歌的月亮

导游塔妮娅指着普希金铜像后面的学校说，这是亚历山大一世创立的贵族子弟学校。普希金是该校的第一届毕业生，他所抒写的《皇村》让人们认识了皇村；另一位在此校度过童年和少女时代的女诗人阿赫玛托娃，她所创作的《故土》，通过对皇村这片土地的痴情热恋，抒发了对祖国的深厚感情……皇村不愧为诗人的摇篮，像莱蒙托夫、涅克索拉夫、普欣、伊利切夫斯基、丘特切夫等十多位享誉诗坛的名人都曾经在这里生活。普希金被誉为俄罗斯诗坛的太阳，一百年后的19世纪初叶，阿赫玛托娃被盛赞为“俄罗斯诗坛的月亮”。

她何以被誉为俄罗斯诗歌的月亮？小学6年级就朗读过普希金的《渔夫和金鱼的故事》，后来深受俄罗斯文学的熏陶，我却从未看到过有关这位女作家的翻译作品。塔妮娅说：“阿赫玛托娃把19世纪俄罗斯全部长篇小说宏伟的复杂性和丰富性引进了俄罗斯的抒情诗中。”19世纪的俄国文坛群星灿烂，托尔斯泰、陀斯妥耶夫斯基……至于她？“她是被长期封杀的异端！”塔妮娅的话打消了我的疑问。她见我对这一人物颇感兴趣，便提议趁自由活动，不妨陪我去皇村博物馆参观。

塔妮娅没有带我走枝叶繁茂的林荫路，而是迎着波罗的海的海风和清新的空气穿行于白桦林中蜿蜒的小径、看着松鼠跳跃走过栗子树围绕的绿茵茵草坪、听着鸟儿的欢鸣沿湖过桥遁入橡树林；在形状各异的池塘、斑斓多彩的花圃和湖泊溪流丘陵之间，还看到潭水半绕的教堂，和绕行于住宅、椴木丛、花坛之间的小河。近看远瞻，蝴蝶在花丛中纷飞、天鹅雍容地浮于水面、海鸥在空中上下翻飞……我赞赏道，"原以为是叶卡捷琳娜宫和皇家花园使皇村大放异彩，没想到全城的湖光林色，美如世外桃源！"塔妮娅说，"多少年来，皇村的湖光林木被一代又一代的俄罗斯诗人赞美，他们的诗歌和足迹，为皇村增辉添彩。是这片充满灵性的土地，激发了诗人们的无限才思。阿赫玛托娃最初的歌声是从这里升起而回荡在世界的！她在《故土》中唱吟：我们不用护身香囊把它贴心佩戴，也不用激情的诗为它放声痛哭……但我们都躺进它的怀里，和它化为一体，因此才不拘礼节地称它'自己的土地'。"

我庆幸自己有机会在这一片洋溢着诗情画意的"故土"中，踏着诗人的韵律追寻诗人的踪影。

一进入博物馆，塔妮娅径直带我来到了展示阿赫玛托娃生平事迹的陈列厅。一看到诗人年青时照片，我惊讶得睁大了眼睛，她比我见到过的所有俄罗斯美女还要美艳动人！塔妮娅说，"她的美代表了俄罗斯的一切典雅，浓缩了俄罗斯所有的风韵。她指着陈列着的她的几十册诗集和手稿说，"她留下了那么多让她的民族引以自豪的诗歌，她的诗歌使俄罗斯人民感悟到祖国的可爱。"瑞典皇家科学院的诺贝尔文学奖评选委员会主席埃斯普马克甚至认为，她没有获得诺贝尔文学奖，不仅是她本人的遗憾，更是诺贝尔评奖委员会的遗憾。

通过塔妮娅对陈列的讲解，我方才知道，阿赫玛托娃对自由的追求，对爱情的讴歌，对暴政的鞭挞，对祖国的赞颂，无不起源于这片土地对心田的滋润。而她的命运多舛，一生坎坷。"

她的第一任丈夫古米廖夫是阿克梅派诗歌领袖，婚后因与丈夫感情不和而于 1918 年离异。1921 年古米廖夫涉嫌反革命罪被苏维埃政府枪决(直到 80 年代才平反)，阿赫玛托娃及其儿子都深受牵连。她后来的丈夫艺术批评家尼·普宁也在肃反扩大化中两次被捕入狱，1953年死于狱中。她的儿子列夫·古米廖夫3次坐牢，曾被判死刑、流放，直到1956年才获自由。阿赫玛托娃自20年代就遭受非议，1946年8月苏共政治局更是对她严厉批判，深受斯大林信任的日丹诺夫，谴责她是“无思想的反动文学泥坑的代表之一”，是“混合着淫秽和祈祷的荡妇和尼姑”，她的诗歌是“奔跑在闺房和礼拜堂之间的发狂的贵妇人的诗”。随后她被开除出各级作家协会，作品遭封杀，言论受监禁。当时曾经有人劝她离乡背井，她以诗明志：“不，既不是异国他乡的天空下，也不是在他人的卵翼之下，在我人民蒙受不幸的地方，我与我的人民同在。”

阿赫玛托娃的处境在斯大林逝世后才平反昭雪，重新焕发出光彩四射的艺术生命。然而，在她的诗中却听不到自怨自怜的悲叹，而是响遏行云的对祖国的挚爱。

我感慨万端地问，“是什么力量支撑诗人度过那么漫长的艰难岁月？”塔妮娅说，“是她从苦难中升华了对祖国的爱。她正是怀着这种深沉的情怀，守护着普希金诗歌的传统，还译了屈原的《离骚》、李商隐的《无题》……”

屈原把坚持奋斗而不能实现爱国理想的沉痛感情，熔铸成激动人心的《离骚》。我虽然尚未阅读阿赫玛托娃的作品，但她倾情“路漫漫其修远兮，我将上下而求索”的《离骚》，使我理解了她被赞为月亮的含意。因为黑夜，月亮才分外明亮。

图书在版编目(CIP)数据

雷神之水 / 曹致佐著. —上海：文汇出版社，2013.5

ISBN 978-7-5496-0865-2

Ⅰ.①雷… Ⅱ.①曹… Ⅲ.①游记-作品集-中国-当代 ②散文集-中国-当代 Ⅳ.①I267

中国版本图书馆 CIP 数据核字(2013)第 062850 号

雷神之水

作　　者 / 曹致佐

责任编辑 / 熊　勇
封面装帧 / 张　晋

出版发行 / 文匯出版社
上海市威海路 755 号
(邮政编码 200041)
经　　销 / 全国新华书店
排　　版 / 南京展望文化发展有限公司
印刷装订 / 江苏省常熟市大宏印刷有限公司
版　　次 / 2013 年 5 月第 1 版
印　　次 / 2013 年 5 月第 1 次印刷
开　　本 / 640×960　1/16
字　　数 / 190 千字
印　　张 / 15.25(彩插 8 页)
印　　数 / 1-5000

ISBN 978-7-5496-0865-2
定　　价 / 25.00 元